Ger de Koning

# Der Brief an die Römer

Eine Erklärung des Briefes von Paulus,
speziell für dich

M. G. DE KONING

# Eine Erklärung

DER BRIEF AN DIE RÖMER

# des Briefes von Paulus speziell für dich

Daniel

1. Auflage 2001


PF 1114, 17277 Retzow
www.Daniel-Verlag.de
Umschlag: ideegrafik, Jürgen Benner
Printed in Germany

ISBN 3-935955-11-1

# Inhaltsverzeichnis

# Einleitung

Lieber Freund oder liebe Freundin,

dieses Buch ist für dich geschrieben. Als ich es schrieb, habe ich versucht, mich ein wenig in deine Lage zu versetzen.

Ich habe an dich gedacht als an jemanden, der

- den Herrn Jesus entweder erst seit kurzer Zeit kennt
- der Ihn schon länger kennt,

der aber in beiden Fällen den Heiland, der für dich starb, um dir das Leben zu geben, besser kennen lernen möchte.

Bisher bist du noch nicht dazu gekommen. Es interessierte dich nicht so sehr. Eine solche Zeit habe ich auch erlebt. Doch das hat sich geändert, und das ist großartig.

In erster Linie ist es großartig für den Herrn Jesus. Er schätzt es, dass Er für dich wichtig geworden ist. Das wird Er belohnen.

Darum ist es in zweiter Linie auch für dich großartig. Du wirst entdecken, was für einen unschätzbaren Reichtum du durch die Bibel in die Hand bekommen hast. Dadurch wird deine Liebe zum Herrn Jesus immer größer werden. Wie alt du bist, spielt eigentlich keine große Rolle. Es geht darum, was du für den Herrn Jesus empfindest, ja, was Er für dich bedeutet. Das ist auch der Grund, weshalb du nun die Bibel mehr lesen willst. Mit diesem Buch möchte ich dir gern dabei helfen. Es ist als eine Hilfe zu intensiverem Studium der Bibel gedacht.

Ich gebe dazu noch ein paar praktische Tipps:

1. Sorge dafür, dass du eine gute Bibelübersetzung benutzt. Ich empfehle dir, die Elberfelder Übersetzung zu verwenden. Der

Schwerpunkt dieser Übersetzung liegt auf einer wortgetreuen Wiedergabe des Grundtextes. Die Zitate in diesem Buch sind dieser Übersetzung entnommen.

2. Ich habe versucht, so zu schreiben, dass du deine Bibel dabei benutzen musst. Lies also zuerst den angegebenen Text in deiner Bibel.

3. Sehr wichtig ist Selbstdisziplin. Du musst schon bereit sein, dich ein wenig anzustrengen, etwas dafür zu tun (oder aber auch anderes zu lassen), um die Bibel besser kennen zu lernen.

Vielleicht gibt es manchmal Augenblicke, wo du nicht so viel Lust hast, darin zu lesen. Darum solltest du dir eine Zeit festsetzen, die du zum Bibellesen am geeignetsten findest. Um dir dabei zu helfen, habe ich dieses Buch in 60 Abschnitte eingeteilt, so dass jeder Abschnitt sich durchschnittlich mit 6-7 Versen beschäftigt. Du kannst jeden Tag einen solchen Abschnitt lesen. Zusammen mit dem Lesen der Bibelverse brauchst du dazu bei sehr ruhigem Tempo 10-15 Minuten. Ich nehme an, dass du täglich länger als diese Zeit am Tisch sitzt, um deinen Körper zu ernähren. Die Speise für deine Seele ist mindestens ebenso wichtig.

Wenn du diese Selbstdisziplin aufbringst, wirst du in zwei Monaten sicherlich einen kleinen Eindruck von diesem großartigen Brief der Bibel bekommen haben.

Die ganze Bibel ist ein großartiges Buch. Es ist mein Gebet, dass auch du immer mehr von ihr beeindruckt wirst. Solltest du Fragen haben, so lass es mich ruhig wissen. Ich wünsche dir Gottes Segen!

Middelburg, im Juli 1992

Meine Anschrift ist:
Montierestraat 18,
NL-4355 CK Middelburg
Telefon und Fax 0031-118-638458
Email: mgde.koning@wxs.nl

# Überblick über den Brief

**I. Römer 1 – 8: Gottes Gerechtigkeit aus Glauben (lehrmäßiger Teil)**

| | |
|---|---|
| 1. Kapitel 1,1-17 | Einleitung |
| 2. Kapitel 1,18 – 3,20 | Die Notwendigkeit der Rechtfertigung |
| Kapitel 1,18-32 | Die gottlosen Heiden |
| Kapitel 2,1-16 | Die selbstgerechten Nationen |
| Kapitel 2,17 – 3,8 | Die Juden |
| Kapitel 3,9-20 | Da ist niemand, der Gutes tut |
| 3. Kapitel 3,21 – 5,11 | Die Rechtfertigung aus Glauben |
| Kapitel 3,21-26 | Die Gerechtigkeit Gottes |
| Kapitel 3,27 – 4,25 | Allein durch Glauben |
| Kapitel 5,1-11 | Frieden mit Gott |
| 4. Kapitel 5,12 – 8,39 | In Adam – in Christus |
| Kapitel 5,12-21 | Zwei Familien |
| Kapitel 6,1 – 7,14 | Gnade und Gesetz |
| Kapitel 7,15-25 | Erfahrungen |
| Kapitel 8,1-39 | In Christus keine Verdammnis |

**II. Römer 9 – 11 Das Problem Israels (historischer Teil)**

| | |
|---|---|
| Kapitel 9,1-33 | Die Souveränität Gottes |
| Kapitel 10,1-21 | Das Versagen Israels |
| Kapitel 11,1-36 | Israel wieder angenommen |

**III. Römer 12 – 16 Die Auswirkungen im christlichen Leben (praktischer Teil)**

| | |
|---|---|
| 1. Kapitel 12,1 – 15,13 | Christliche Verantwortlichkeit |
| Kapitel 12,1-21 | Dienst und Leben |
| Kapitel 13,1-14 | Verhältnis zur Obrigkeit |
| Kapitel 14,1 – 15,13 | Starke und Schwache |
| 2. Kapitel 15,14 – 16,27 | Zum Schluss |
| Kapitel 15,14-33 | Der persönliche Dienst des Paulus |
| Kapitel 16,1-27 | Grüße und Lobpreis |

# 1. Das Evangelium Gottes

Nimm dir Ruhe und Zeit für **Römer 1,1-7**

Ich gehe davon aus, dass du die Einleitung zu diesem Buch gelesen hast. Dann können wir jetzt mit dem ersten Brief des Neuen Testaments beginnen.

Wenn du auf deiner Entdeckungsreise durch die Bibel mit dem Römerbrief beginnst, hast du eine äußerst gute Wahl getroffen, denn in diesem Brief findest du alles über die Frage, wie Gott dich sah, als du Ihn noch nicht kanntest, aber auch, wie Er dich jetzt sieht, nachdem du Ihn kennen gelernt hast. Für dein weiteres Leben als Christ ist das sehr wichtig. Dadurch bekommst du die Sicherheit, die völlige Überzeugung, dass du den richtigen Weg eingeschlagen hast. Du musst zwar noch lernen, diesen Weg zu gehen, aber der Weg selbst ist gut.

Paulus – oder eigentlich der Heilige Geist, wie später noch deutlich wird – wurde von Gott auserwählt, um mit dir in diesem Brief darüber zu reden. Worum es dabei geht, steht gleich in Vers 2, nämlich um das Evangelium Gottes. Das Evangelium, das du angenommen hast, ist nicht von einem Menschen ausgedacht worden, sondern von Gott ausgegangen. Es ist *sein* Evangelium. Gott hatte früher bereits durch seine Propheten mitgeteilt, dass Er es verkündigen lassen würde. Im Alten Testament – auch die „Heiligen Schriften" genannt – kannst du davon lesen. In der Zeit des Alten Testaments hat Gott den Menschen immer wieder auf die Probe gestellt, um zu sehen, ob er Ihm dienen würde. Der Mensch versagte jedoch immer wieder. Du hast am eigenen Leib erfahren, dass das wahr ist, und hast es auch vor Gott anerkannt. Schließlich machte Gott bekannt, dass Er selbst etwas tun würde. Das geschah, als Er seinen Sohn sandte.

Der Inhalt des Evangeliums Gottes ist der Sohn Gottes. In Vers 3 liest du, dass es das „Evangelium Gottes über seinen Sohn" ist. Es geht um eine Person, mit der du jetzt durch den Glauben eine lebendige Beziehung hast, und nicht um eine Lehre. Über den Sohn Gottes sind sehr viele Dinge in der Bibel zu finden, ja sie ist voll davon. Es ist sogar so, dass du den Sinn eines Schriftabschnitts oder eines bestimmten Verses erst dann richtig verstehst, wenn du siehst, was er dir über den Herrn Jesus sagt. In den Versen 3 und 4 werden zwei Dinge über Ihn gesagt, die wichtig sind, um den Inhalt dieses Briefes verstehen zu können.

Zuerst wird von Ihm gesagt, dass Er aus dem Geschlecht Davids gekommen ist. Als Sohn Davids hatte Er ein Recht auf den Thron des HERRN in Jerusalem. Weil Israel Ihn aber verworfen hat, ist die Zeit der Thronbesteigung aufgeschoben worden. In den Kapiteln 9 bis 11 wirst du sehen, dass Gott dafür sorgen wird, dass alle seine Verheißungen, die Er einst David gegeben hat, auch in Erfüllung gehen werden.

Das Zweite, was über den Herrn Jesus gesagt wird, gründet sich erstaunlicherweise auf die Verwerfung durch sein Volk. Er, der als Mensch durch die Kreuzigung getötet wurde, machte deutlich, dass Er zugleich der Sohn Gottes ist, als Er in Kraft aus den Toten auferstand. Seine „Heraus-Auferstehung" aus den Toten – die anderen Menschen blieben im Tod – geschah „dem Geist der Heiligkeit nach". Das ist eine wichtige Hinzufügung. Alles, was der Herrn Jesus in seinem Leben tat, war in völliger Übereinstimmung mit dem Heiligen Geist. Alles war in Übereinstimmung mit dem Willen Gottes, und daher war nichts Verkehrtes in seinem Leben.

Doch in den drei Stunden der Finsternis am Kreuz kam Er mit Bösem in Berührung. Dort wurde Er zur Sünde gemacht und trug unsere Sünden an seinem Leib. Gott richtete Ihn dafür und gab Ihm den Lohn der Sünde, das ist der Tod. Als Er dann aus den Toten auferstand, konnte sich der Geist der Heiligkeit auch damit völlig einsmachen, weil alles, was mit der Sünde, dem Verkehrten, zu tun hat, durch Ihn vollkommen getilgt worden war.

Wenn du so siehst, wer der Herr Jesus ist und was Er getan hat, kann es doch nicht schwierig sein, Ihn als den Herrn deines Lebens anzuerkennen, wie Paulus am Ende von Vers 4 schreibt.

Paulus steht unter dem Eindruck der Größe dieser Person. Deshalb ist er bereit, zu allen Nationen hinauszugehen, um Menschen zum Glaubensgehorsam gegenüber dieser Person hinzuführen. Ich hoffe, dass auch in deinem (und meinem) Leben etwas hervorleuchtet, in Wort und Tat, wodurch auch andere dem Herrn Jesus im Glauben gehorchen wollen.

*Lies nun noch einmal Römer 1,1-7. – Sage Gott mit deinen eigenen Worten, wer der Herr Jesus für dich ist.*

# 2. Das Verlangen des Paulus

Nimm dir Ruhe und Zeit für **Römer 1,8-15**

„Zuerst einmal danke ich meinem Gott." Das erste, was Paulus tut – in fast allen Briefen, die er geschrieben hat – ist dies, dass er Gott für die Gläubigen dankt.

Du lebst in einer Welt voll undankbarer Menschen. Manchmal lässt du dich, ohne dass du es merkst, von dieser Undankbarkeit anstecken. Gott weiß das. Darum spricht Er in der Bibel regelmäßig vom Danken. Danken ist ein Ausdruck der Freude. Du dankst Gott für etwas, weil du weißt, dass du es von Ihm empfangen hast, und weil du weißt, dass Gott nur Dinge gibt, die gut sind.

Ich las einmal eine Geschichte von einem Mann, der sich bei einem Unfall das Rückgrat gebrochen hatte und deshalb an einen Rollstuhl gefesselt war. Anfangs hatte er Gott dafür verflucht. Nach seiner Bekehrung sagte er: „Wenn ich bald vor dem Thron Gottes stehe, werde ich Ihm dafür danken, dass Er mir das Rückgrat gebrochen hat. Hätte Er mich in der bisherigen Weise weiterleben lassen, so wäre ich geradewegs zur Hölle gegangen." So siehst du, dass Gott uns durch alles, was Er tut, dankbar machen will.

Hast du Gott schon einmal für deine Brüder und Schwestern gedankt? Du kennst doch zweifellos einige Gläubige. Zu denen gehörst du jetzt. Deine früheren Freunde lassen dich links liegen, aber stattdessen hast du andere Freunde bekommen.

Paulus hatte etwas über die Gläubigen erfahren, die in Rom wohnten. In der ganzen Welt wurde über ihren Glauben gesprochen. Das war etwas, das Paulus ebenfalls sehr beschäftigte. Sein Geist, sein ganzes Denken war davon erfüllt, Gott am Evangelium seines Sohnes zu dienen. Wenn du erst kürzlich zur Bekehrung gekommen bist, können dich noch viele Gedanken deines alten Lebens beschäftigen. Darum ist es gut, an Dinge zu denken, die den Herrn Jesus betreffen.

Paulus wollte die Gläubigen in Rom gern einmal besuchen. Obwohl er sie noch nie gesehen hatte, bedeutete das nicht, dass er kein Interesse an ihnen hatte. Er dachte ständig in seinen Gebeten an sie. Sie brauchten Stärkung, und die konnte er ihnen geben, indem er ihnen „etwas geistliche Gnadengabe mitteilte". Was das bedeutet, steht unmittelbar dahinter: „das ist aber, um mit euch getröstet zu werden in eurer Mitte, ein jeder durch den Glauben, der in dem anderen ist, sowohl euren als meinen".

Auch wir beide, du und ich, brauchen Stärkung unseres Glaubens. Darum müssen wir Kontakt zueinander suchen und unsere Glaubenserfahrungen austauschen. Für beide Seiten ist das ein Trost. Es ist nicht entscheidend, ob du das mit jemandem tust, der auch eben erst bekehrt ist, oder mit jemandem, der schon viel im Glauben erlebt hat. Für Paulus, der bereits viele Glaubenserfahrungen gemacht hatte, war es in jedem Fall ein Trost, die Gemeinschaft mit den Gläubigen in Rom zu erfahren. Suche deshalb deine Mitgläubigen auf. Du brauchst sie, und sie brauchen dich.

Paulus hatte schon mehrmals eine Reise nach Rom geplant, denn er wollte auch unter ihnen etwas Frucht sehen. Dabei trachtete er nicht nach eigener Ehre. Er war es Gott schuldig, der Ihn zum Dienst berufen hatte. Diese Schuld konnte er nur abzahlen, wenn er seinen Dienst erfüllte. Sein Dienst bestand in der Verkündigung des Evangeliums.

Nun könntest du sagen: „Doch diese Menschen kannten doch den Herrn Jesus schon?" Ja, aber das Evangelium enthält mehr als nur die Predigt von der Bekehrung und vom Glauben. Evangelium bedeutet: frohe Botschaft. Du hast schon gesehen, dass das Evangelium das „Evangelium Gottes" genannt wird, weil darin zum Ausdruck kommt, was im Herzen Gottes ist. Doch Gott hat viel mehr in seinem Herzen, das Er uns erzählen möchte, als nur, dass wir uns bekehren und an den Herrn Jesus glauben müssen. In Wirklichkeit ist es so, dass wir erst dann, wenn wir bekehrt sind, den ganzen Ratschluss Gottes (das ist alles, was Er für uns in seinem Herzen hat) entdecken können.

Für uns ist es nur gut, dass Paulus nicht persönlich nach Rom gehen konnte. Darum hat er ihnen ja diesen Brief geschrieben, so dass auch wir jetzt „das Evangelium“, das er ihnen verkündigen wollte, kennen lernen können.

*Lies nun noch einmal Römer 1,8-15. – Danke Gott für deine Geschwister; nenne sie Ihm mit Namen.*

# 3. Das Evangelium: Gottes Kraft zum Heil

Nimm dir Ruhe und Zeit für **Römer 1,16-21**

Schämst du dich hin und wieder des Evangeliums? Ich schon! Ich glaube, dass es daran liegt, dass wir noch nicht genug von der Kraft Gottes durchdrungen sind, die im Evangelium wirksam ist.

Wir achten noch zu sehr auf das, was die Menschen darüber denken, denn in dieser Hinsicht sind wir durchaus noch empfindlich. Aber du hast doch selbst entdeckt, was das Evangelium bewirkt: Es bedeutet für den verlorenen Menschen das Heil. Du hast selbst dem Evangelium geglaubt. Durch den Glauben hast du Teil daran bekommen.

Vielleicht hast du früher versucht, dir die Errettung zu verdienen, indem du so gut wie möglich gelebt oder auch viel gespendet hast. Doch du musstest erkennen, dass der Mensch in sich keine Kraft hat, um errettet zu werden. Das bedeutet nicht, dass Gott dem Menschen bei seinen Bemühungen, errettet zu werden, einfach zu Hilfe kommt und das Verkehrte übersieht.

Das Evangelium zeigt uns ja gerade, dass Gott, wenn Er den Menschen aufgrund des Glaubens (und nicht aufgrund eigener Bemühungen) errettet, das auf eine gerechte Weise tut. Das ist die Bedeutung des Ausdrucks „Gottes Gerechtigkeit“. Die Gerechtigkeit Gottes ist eins der Hauptthemen dieses Briefes und bedeutet, dass Gott in all seinem Handeln gerecht ist.

Im Verlauf dieses Briefes wird dir dieser Ausdruck noch einige Male begegnen, und ich werde dann versuchen, noch ausführlicher darauf einzugehen. Jetzt genügt es zu wissen, dass du durch die Kraft Gottes und sein gerechtes Handeln errettet worden bist. Es hängt daher nicht davon ab, wie und was du empfindest.

Auf deiner Seite war der Glaube die Voraussetzung dafür, die Errettung zu empfangen. Und solange du noch hier auf der Erde lebst, darfst du aus Glauben leben. Dieser Glaube hat nichts mit Ungewissheit zu tun, wie es im allgemeinen Sprachgebrauch der Fall ist. Glaube hat in der Bibel den Sinn eines festen Vertrauens. Glaube ist daher das feste Vertrauen auf Gott, der alles für dich getan hat, um dich zu erretten, und alles tun wird, um dich sicher durch dieses Leben zu führen, bis du bei Ihm bist.

Wie nötig hatten wir es doch, gerettet zu werden! Der Zorn Gottes – was sind das für eindrucksvolle Worte! Wie viele Menschen reagieren geringschätzig und spottend, wenn in der Verkündigung des Evangeliums vom Zorn Gottes die Rede ist! Dieser Zorn wird über alle Formen der Gottlosigkeit kommen.

Gottlosigkeit heißt, dass der Mensch sich nicht um Gott kümmert, Ihn leugnet. Dieser Zorn kommt auch über die Ungerechtigkeit der Menschen, die die Wahrheit in Ungerechtigkeit besitzen. Das sind Menschen – sowohl Juden als auch Christen –, die vorgeben, die Wahrheit zu kennen, jedoch völlig falsch damit umgehen. Es geht also einerseits um Menschen, die ohne Gott leben, und anderseits um solche, die zwar bekennen, mit Gott zu leben, es jedoch nur mit ihrem Mund tun und ihr Leben nach ihrem eigenem Willen führen. Diese Letzteren setzen Gott also im Grunde ebenfalls beiseite.

Das Schlimme ist, dass der Mensch dem „von Gott Erkennbaren" überhaupt keine Aufmerksamkeit schenkt. Niemals hätte ein Mensch etwas von Gott erkannt, wenn Gott es nicht selbst offenbart hätte. In der Schöpfung, dem Werk seiner Hände, hat Gott seine ewige Kraft und Göttlichkeit sichtbar werden lassen.

Jeder vernünftige Mensch muss aufgrund dessen, was er um sich her in der Schöpfung wahrnimmt, zu dem Schluss kommen, dass es einen Gott gibt. Das müsste ihn dazu führen, Gott zu verherrlichen und Ihm zu danken. Das Ergebnis ist leider anders: Wer in seinem Denken Gott ausschließt, verfällt in Torheit und verliert jedes Licht über den Ursprung, den Sinn und das Ziel des Lebens. Ihr unverständiges Herz ist verfinstert worden. Was ist von einem solchen Menschen noch zu erwarten?

*Lies nun noch einmal Römer 1,16-21. – Bitte Gott, dir zu helfen, dich heute nicht des Evangeliums zu schämen.*

# 4. Der Mensch ohne Gott

Nimm dir Ruhe und Zeit für **Römer 1,22-32**

Was du in diesen Versen liest, ist nicht unmittelbar geeignet, dir den Menschen als ein hochstehendes Geschöpf erscheinen zu lassen.

Das will man uns aber heutzutage gerade glauben machen, und auch, dass alles immer besser werde. Das Gegenteil ist richtig. Gott verschweigt uns das nicht. Ganz ehrlich – und manchmal scheinbar etwas hart – beschreibt Er, wie tief der Mensch gefallen ist, nachdem er Gott den Rücken zugekehrt hatte.

Gott beschreibt uns den Menschen nicht so, damit wir, du und ich, auf die Menschen um uns her herabschauen. Nein, denn was Gott hier sagt, traf auch auf mich und dich zu, bevor wir den Herrn Jesus als Erretter annahmen. So lebten wir. In uns selbst sind wir immer noch so. Eigentlich siehst du das erst, nachdem du ein Kind Gottes geworden bist.

Eins muss uns klar sein: Gott hat den Menschen nicht schlecht erschaffen. In 1. Mose 1,31 steht: „Und Gott sah alles, was Er gemacht hatte, und siehe, es war sehr gut.“ Dazu gehörte auch der Mensch. Doch wenn der Mensch seine Verbindung mit Gott aufgibt, überlässt Gott ihn sich selbst. Das lesen wir dreimal in diesem Abschnitt: in den Versen 24, 26 und 28. Wenn der Mensch die Herrlichkeit des unverweslichen Gottes aufgibt und stattdessen etwas verehrt, das einem vergänglichen Menschen oder einem Tier ähnlich sieht, gibt Gott ihn dahin. Gott überlässt ihn entsprechend den Begierden seines Herzens der Unreinheit. Die Folgen davon kannst du überall um dich her sehen.

Menschen, die die Wahrheit Gottes mit der Lüge vertauschen, überlässt Gott ihren entehrenden Begierden: der Homosexualität, sowohl bei Männern als auch bei Frauen. Heute nennt man das

„alternative Verhaltensweisen" und „Formen des Zusammenlebens", die du akzeptieren musst. Hier liest du hingegen, dass es ein Gericht Gottes ist: Diese Menschen empfangen für ihr Abirren den gerechten Lohn an sich selbst. Wo das Geschöpf verehrt und über den Schöpfer gestellt wird, ist dies das Ergebnis. Gott hat den Menschen geschaffen, damit er Ihn ehre und Ihm diene. In der Natur des Menschen liegt es, dass er seinem Menschsein nur entspricht, wenn er für Gott lebt. Tut er das, so findet er darin seine größte Freude und sein Glück. Das war auch die Absicht Gottes, als Er den Menschen schuf.

Wenn der Mensch Ihm aber nicht dient, so überlässt ihn Gott einem Leben in widernatürlichen Beziehungen, wie Paulus sie hier beschreibt. Das erleben wir heutzutage in unserer Umgebung zunehmend in der Öffentlichkeit. Man leugnet öffentlich, dass es sich um etwas Widernatürliches handelt; du darfst gar nichts dagegen sagen, sondern musst das als normal anerkennen, weil du sonst sogar wegen Diskriminierung belangt werden kannst. Auf diese Weise wird in den christlichen Ländern die Wahrheit Gottes mit der Lüge vertauscht.

In Vers 28 finden wir zum dritten Mal, dass Gott den Menschen dahingegeben hat. Weil die Menschen Gott aus ihrem Denken ausgeschlossen haben, hat Gott sie einem verkehrten Denken überlassen. Darum tun sie Dinge, die sich nicht geziemen. Dann folgt eine schonungslose Aufzählung all dieser Dinge. Zweifellos wirst du dabei mit Beschämung Dinge finden, die auch du getan hast.

Was du damit verdient hattest, war nichts anderes als „der Tod" und nicht der Genuss und das Vergnügen, die du dir davon versprochen hattest. Es handelt sich um Dinge, die zunächst im Herzen eines Menschen, der nicht mit Gott rechnet, vorhanden sind und dann in seinem Verhalten zum Ausdruck kommen. Für sich selbst und für seine Mitmenschen bringt er nur Dinge hervor, die „zum Tod" führen. Für Gott ist nichts dabei.

Diese Menschen wissen im tiefsten Herzen wohl, wie Gott darüber denkt, aber es ist ihnen gleichgültig. Sie führen unbekümmert ihr eigenes Leben und äußern sich positiv über andere, die auf dieselbe Weise leben.

*Lies nun noch einmal Römer 1,22-32. – Sage Gott, dass Er mit seiner Beurteilung der Menschen Recht hat.*

# 5. Das gerechte Gericht Gottes

Nimm dir Ruhe und Zeit für **Römer 2,1-8**

Du kennst vielleicht solche Menschen, die genau wissen, wie andere zu sein haben. Sie sprechen mit „Genugtuung" über die Fehler anderer (und damit habe ich mich noch gelinde ausgedrückt).

Hier geht es um Menschen, die nicht so zügellos leben, wie es das vorige Kapitel schilderte. Wenn sie aber andere sehen, die so leben, verurteilen sie sie. Sie begreifen nicht, dass sie sich dadurch selbst verurteilen, denn in ihrem eigenen Herzen sind dieselben Dinge versteckt.

Ein deutliches Beispiel dafür finden wir in Johannes 8,1-11. Da kommen die Obersten der Juden mit einer Frau zu dem Herrn Jesus, die beim Ehebruch ertappt worden war. Auf die Frage, was mit dieser Frau geschehen solle, antwortete der Herr Jesus: „Wer von euch ohne Sünde ist, werfe zuerst einen Stein auf sie" (Vers 7). Daraufhin gehen sie alle weg! Nicht einer der Ankläger ging frei aus. In ihrem Herzen hatten sie alle dieselbe Sünde begangen. Das gilt für jeden Menschen, der von sich denkt, er habe sich nicht der schrecklichen Sünden schuldig gemacht, auf die er bei anderen mit dem Finger zeigt. Doch wir – du und ich – wissen, dass sie dem Gericht Gottes nicht entfliehen werden, das nach der Wahrheit über sie kommen wird. Es kommt ein Tag, so heißt es in Vers 16 dieses Kapitels, an dem Gott das Verborgene der Menschen richten wird. Dann wird jedem völlig klar werden, wie Gott diese Dinge immer beurteilt hat.

Aber es gibt glücklicherweise auch noch eine andere Seite dieser Sache. Es gibt nicht nur Gottes Gericht, sondern auch Gottes Güte. Durch diese Güte bist du und ist jeder Gläubige zur Bekehrung gekommen. Was für ein Reichtum an Güte, Langmut und Geduld ist doch bei Gott zu finden! Gott wollte dich nicht auf dem Weg ins Verderben weiterlaufen lassen. Er kam dir entgegen und ließ dich erkennen, was du getan hattest und wo du landen würdest. Das traf dein Gewissen; du erkanntest, dass das Gericht Gottes dich zu Recht treffen musste. Bekehrung heißt: dich selbst so sehen, wie Gott dich sieht, und sein Urteil über dich akzeptieren. Bisher dachtest du immer gut über dich und gering über Gott. Bei deiner Bekehrung hat eine radikale Umkehr stattgefunden. Jetzt denkst du über dich selbst gering und sehr groß über Gott. In der Praxis müssen wir lernen, das immer mehr zu verwirklichen, aber es ist doch der Ausgangspunkt für dein weiteres Leben. Diese Sicht über dich selbst und über Gott ist dir durch seine Güte geschenkt worden.

Wer an der Güte Gottes vorbeigeht, zeigt die Verhärtung und Unbußfertigkeit seines Herzens. So jemand meint, dass er aus sich selbst heraus gut genug sei, um vor Gott erscheinen zu können. Doch alle Handlungen, die ein Mensch mit unbußfertigem Herzen tut (auch wenn sie in seinen eigenen Augen gut sind), bilden einen immer größer werdenden Berg von Handlungen, die am Tag der Offenbarung des gerechten Gerichtes Gottes gerichtet werden. Wenn Gott die Werke des Menschen beurteilt und vergilt, tut Er das absolut gerecht. Einerseits gibt Er jedem ewiges Leben, der mit Ausharren gute Werke tut, indem er Herrlichkeit, Ehre und Unvergänglichkeit sucht, andererseits wird er seinen Zorn und Grimm über alle ausgießen, die in ihrem Leben den natürlichen Eingebungen ihres Herzens gefolgt sind, ohne Gottes Ansprüchen Rechnung zu tragen. In beiden Fällen lassen die Menschen in ihrem Leben erkennen, wem sie nachjagen, und in beiden Fällen wird Gott alles beurteilen. Auf diese Weise handelt Gott mit Menschen, die die Werte und Normen für ihr Leben selbst festgelegt haben.

Bis jetzt hat es noch keinen einzigen Menschen gegeben, der als Belohnung für sein vorbildliches, fehlerloses Leben von Gott das ewige Leben empfangen hätte. Nur der Herr Jesus war vollkommen. Und Er, der das Leben verdient hatte, ging in den Tod. Das tat Er freiwillig. Jetzt schenkt Er, der selbst das ewige Leben ist, jedem dieses ewige Leben, der einsieht, dass er es sich nicht selbst verdienen kann.

*Lies nun noch einmal Römer 2,1-8. – Denke darüber nach, wie du jemandem, der meint, selbst nur Gutes zu tun, das Evangelium bringen kannst.*

# 6. Juden und Heiden

Nimm dir Ruhe und Zeit für **Römer 2,9-16**

Zuerst eine kleine Wiederholung: In Kapitel 1,19-32 wurde über die Heiden gesprochen. In Kapitel 2,1-8 richtete Paulus sich an Menschen, die von sich selbst dachten, es doch längst nicht so schlimm getrieben zu haben wie die Heiden.

In den Versen 9-16 führt Paulus diesen Gedanken fort, doch macht er jetzt einen Unterschied zwischen zwei verschiedenen Menschengruppen. Es gibt Juden und es gibt Griechen (Nationen oder Heiden). Wenn hier von Heiden die Rede ist, so darfst du nicht nur an Menschen in Zentralafrika denken. Mit „Griechen" oder Heiden bezeichnet Paulus alle, die keine Juden sind, also alle Menschen, mit denen Gott keine so spezielle Beziehung hatte wie mit den Juden. Juden sind Menschen, denen Gott seinen Willen mitgeteilt hat, indem Er ihnen das Gesetz gab. Den Heiden hat Gott sich nicht auf diese Weise kundgetan.

Das können wir auf die Situation anwenden, in der wir heute leben. So gibt es Menschen, die in einer christlichen Familie aufgewachsen sind, aber auch solche, die in Familien gelebt haben, in denen man den Willen Gottes nicht kannte. Doch bei Gott gibt es, wenn Er sein Urteil spricht, kein Ansehen der Person. Denn wer das Böse vollbringt – ob Jude oder Grieche –, empfängt von Gott Drangsal und Angst. Wer aber das Gute wirkt – ob Jude oder Grieche –, empfängt von Gott Herrlichkeit, Ehre und Frieden. Unterschiedlich ist dabei allerdings der Maßstab, der zur Beurteilung angelegt wird.

Der Jude und der Grieche haben beide etwas von Gott empfangen, so dass sie wissen, was gut und böse ist. Den Juden hat Gott ein Gesetz gegeben, in dem Er ihnen mitteilte, was sie tun sollten. Sie werden durch dieses Gesetz gerichtet werden. Die Heiden haben nie ein Gesetz gehabt. Sie werden ohne Gesetz verloren gehen. Doch die Heiden besitzen etwas anderes, nämlich ein Gewissen. Die meisten Heiden wissen von Natur aus, dass sie z. B. nicht stehlen dürfen, obwohl ihnen Gott das nie offiziell durch ein Gesetz mitgeteilt hat. Wenn sie im Begriff stehen zu stehlen, schlägt ihnen das Gewissen. Es macht sich bemerkbar. Wenn sie nun auf die Stimme ihres Gewissens hören, so werden sie nicht stehlen. Dadurch zeigen sie, dass das Werk des Gesetzes in ihrem Herzen geschrieben steht, denn im Gesetz steht: „Du sollst nicht stehlen" (2. Mose 20,15). Wer das tut, was das Gesetz sagt, auch wenn es ihm nie als Gesetz mitgeteilt wurde, wird gerechtfertigt werden. Es geht nämlich nicht darum, ob man gehört hat, was der Wille Gottes ist, sondern ob man das tut, was Gott will.

Jeder Mensch, auch wenn ihm Gott und sein Wille unbekannt sind, hat durch seine Erziehung oder Umgebung etwas mitbekommen, wodurch er zwischen Gut und Böse unterscheiden kann. Er kann das Gewissen zwar unterdrücken und nicht auf seine Stimme hören, aber tief in seinem Herzen weiß er es doch. Und auch andere aus seiner Umgebung werden ihn an das Verkehrte erinnern. Innerhalb der Gruppe, in der jemand lebt, gelten bestimmte Regeln. Wenn jemand eine dieser Regeln übertritt, so wird er beschuldigt. Stellt sich aber heraus, dass er das Vergehen nicht begangen hat, so wird er entschuldigt. So handhaben es Menschen, die keine Erkenntnis Gottes haben.

Aber Gott sieht tiefer; Er sieht nicht nur die Taten. Er sieht, woraus die Taten hervorkommen. Er sieht das Verborgene des Herzens, wo die Überlegungen stattfinden. Er kennt die Motive, von denen sich jemand leiten lässt. Wir können unsere wirklichen Absichten voreinander verbergen, aber nicht vor Gott. Es kommt der Tag, an dem Gott das Verborgene durch Jesus Christus richten wird. Für viele Menschen ist das ein unheimlicher Gedanke. Sie denken lieber gar nicht daran. Doch auch dieses Gericht gehört zu dem, was Paulus „mein Evangelium" nennt. Die Beweggründe sind vor Gott mindestens ebenso wichtig wie die Taten. Menschen können sich durch Taten täuschen lassen, Gott nicht. Wer wirklich mit Gott lebt, wird keine Schwierigkeiten damit haben, sein Herz ganz vor Gott offen zu legen.

*Lies nun noch einmal Römer 2,9-16. – Was kommt dir bei dem Gedanken in den Sinn, dass Gott alles weiß?*

# 7. Die Juden und das Gesetz

Nimm dir Ruhe und Zeit für **Römer 2,17-29**

Nun spricht Paulus zu den Juden, um ihnen deutlich zu machen, dass auch sie das Evangelium Gottes nötig haben. Zunächst zählt er einige Dinge auf, deren sie sich rühmten.

Sie rühmten sich, in Verbindung mit Gott zu stehen. Sie meinten von sich selbst, ein Leiter, ein Licht, ein Erzieher, ein Lehrer sein zu können, weil sie glaubten, durch das Gesetz den Willen Gottes zu kennen. Sie dachten von sich, für andere viel zu bedeuten, die ihrer Ansicht nach blind, in Finsternis, unverständig und unmündig waren. Sie fühlten sich überlegen und über andere erhaben. Gott hatte ihnen tatsächlich im Gesetz seinen Willen mitgeteilt. Sie dachten jedoch nicht daran, dass sie zuallererst selbst darauf achten und Gott gehorchen mussten.

Auch Christen können sich rühmen, die Bibel zu kennen. Sie halten anderen vor, wie sie sich zu verhalten haben. Doch sich selbst haben sie noch nie im Licht der Bibel gesehen. Sie wissen es nur für andere. Was sie bei anderen als Stehlen verurteilen, nennen sie, wenn es sie selbst betrifft, etwas nehmen, worauf sie ein Recht haben. Und wenn sie sagen, dass Ehebruch verkehrt sei, so denken sie nicht daran, dass der Herr Jesus gesagt hat, dass jeder, der eine Frau begehrlich ansieht, im Herzen bereits Ehebruch mit ihr begangen hat.

Sie wissen auch sehr gut, dass ein Götze etwas Abscheuliches ist, aber sie beachten nicht, dass der Raub von Dingen, die für den Dienst im Tempel Gottes gebraucht werden, eigentlich dasselbe ist. Denke z. B. einmal an Besitz, Zeit, Kraft, Verstand und dergleichen. All das sollte in den Dienst für Gott gestellt werden. Wer das jedoch für sich selbst gebraucht, der beraubt Gott.

Wer sich also rühmt, den Willen Gottes zu kennen, ohne das in seinem eigenen Leben zu berücksichtigen, entehrt Gott. Ist es nicht so, dass der Name Gottes gerade durch die Menschen gelästert wird, die sonntags brav in der Kirche oder einer anderen gottesdienstlichen Zusammenkunft sitzen und montags oder an den anderen Wochentagen darauf aus sind, sich selbst so viel wie möglich auf Kosten anderer zu bereichern?

Dann nennt Paulus noch einen wichtigen Punkt, und zwar die Beschneidung. Die Einsetzung der Beschneidung finden wir in 1. Mose 17. Die Beschneidung war im Alten Testament das äußere Zeichen dafür, dass jemand zum Volk Gottes, zu Israel, gehörte. Man konnte also erwarten, dass so jemand dem Willen Gottes Rechnung trug. Wenn aber jemand in seinem Leben den Willen Gottes nicht beachtete, nutzte ihm auch die Beschneidung nichts. Das äußere Zeichen der Beschneidung hatte nur dann Wert, wenn jemand mit dem Herzen danach verlangte, sich auch als ein Glied des Volkes Gottes zu verhalten, und das äußerte sich im Tun des Willens Gottes. Es war sogar so, dass jemand, der nicht beschnitten war, also nicht zu Israel gehörte, aber doch die Ansprüche des Gesetzes berücksichtigte, von Gott als Glied seines Volkes anerkannt wurde. Solche, die es nur äußerlich waren, also nicht mit ihrem Herzen, wurden dadurch verurteilt.

Die Schlussfolgerung kommt dann in den letzen beiden Versen. Es geht um die Beschneidung des Herzens. Das zeigt uns die wirkliche Bedeutung der Beschneidung. In Kolosser 2,11 lesen wir, dass der Gläubige mit der Beschneidung des Christus beschnitten ist. Der Zusammenhang zeigt deutlich, dass es dort um den Tod Christi am Kreuz geht, wo Er unter dem Gericht Gottes über die Sünde starb. Wer das von Herzen glaubt, ist „am Herzen" beschnitten; er ist ein echter Jude, das heißt: jemand, der Gott lobt. Nur äußerlich zum Volk Gottes zu gehören bringt Lob von Menschen ein. Menschen hängen sehr an religiösen Handlungen, denn diese kann man sehen, und dadurch wird der Mensch wichtig. Gott sieht das Herz an. Das Äußere hat nur dann Wert für Ihn, wenn es das, was im Herzen ist, widerspiegelt. Gott äußert sich lobend über die, in deren Innerem Er Wahrheit findet (Ps 51,6). Darum geht es Ihm.

*Lies nun noch einmal Römer 2,17-29. – Prüfe dich selbst, ob du noch auf das Lob der Menschen Wert legst.*

# 8. Gott ist wahrhaftig – alle Menschen sind Lügner

Nimm dir Ruhe und Zeit für **Römer 3,1-8**

Nachdem du den vorhergehenden Abschnitt gelesen hast, könntest du denken, dass es doch gar kein Vorrecht war, zum Volk der Juden zu gehören, auch wenn Gott es sein auserwähltes Volk nennt.

So könnte jemand auch den Nutzen der Beschneidung in Frage stellen, obwohl Gott sie als Zeichen seines Bundes mit seinem Volk gegeben hatte. Paulus weist diesen Gedanken zurück.

Es sind viele Vorrechte damit verbunden, zum Volk Gottes zu gehören – auch wenn es vielleicht nur äußerlich ist. Paulus nennt zuerst einmal die Tatsache, dass ihnen die Worte Gottes anvertraut sind.

Auch für uns, die wir in den so genannten „christlichen Ländern" leben, ist es ein Vorrecht, die Bibel zu besitzen. Doch dadurch waren die Juden – und sind auch wir heute – umso verantwortlicher. Die Art und Weise, wie wir mit dem Wort Gottes umgehen, nimmt nichts von seinem Inhalt weg. Gott bleibt seinem Wort treu, auch wenn es Menschen gibt, die behaupten, zu seinem Volk zu gehören, und sein Wort doch nicht beachten. Tatsächlich bestätigt dies gerade, dass Gott wahrhaftig ist und jeder Mensch ein Lügner. Vielleicht hast du schon einmal jemanden sagen hören (oder hast es früher vielleicht selbst gesagt): „Gott existiert nicht." Das ist nicht neu. Jemand, der so etwas sagt, spricht das aus, was Gott schon vor langer Zeit in seinem Wort niederschreiben ließ. In Psalm 14,1 steht, dass der Tor in seinem Herzen spricht, dass es keinen Gott gibt. Damit hast du nun im Wort Gottes einen Beweis für die Tatsache, dass Gott wahrhaftig ist und jeder Mensch ein Lügner. Wenn der Mensch nach seinem eigenen bösen Herzen handelt, beweist er damit nur, was Gott bereits längst in seinem

Wort gesagt hat. Dadurch wird Gott durch sein eigenes Wort gerechtfertigt.

Wenn der Mensch es wagt, ein Urteil über Gott zu fällen, um Ihn gleichsam zur Verantwortung zu ziehen, wird deutlich werden, dass Gott der Sieger und der Mensch der Verlierer ist. Das gerechte Handeln Gottes wird durch unser ungerechtes Handeln bestätigt. Dagegen ist nichts einzuwenden. Eine Lebensweise, bei der man nicht mit Gott rechnet, muss den Zorn Gottes hervorrufen. Gott kann nicht anders. Er ist dazu verpflichtet, weil Er heilig und gerecht ist. Er kann von diesen Eigenschaften, seiner Heiligkeit und Gerechtigkeit, nicht den geringsten Abstrich machen, wie wir das sehr wohl hin und wieder tun.

Da Gott alles in der Welt beobachtet, kann Er nicht so tun, als würde nichts geschehen. Er muss das Gericht an der Welt vollziehen. Dass Er das bis heute noch nicht getan hat, liegt daran, dass Er langmütig ist. Er will nicht, dass jemand verloren geht, sondern dass alle zur Bekehrung kommen (2. Pet 3,9). Doch es wird ein Augenblick kommen, wo Er das Gericht ausführen muss. Seine Geduld hat ein Ende. Dann muss seine Gerechtigkeit ihren Lauf nehmen und Zorn ausgeübt werden; die Strafe muss folgen. Wer das leugnet, nimmt Gott nicht ernst.

Es gibt auch Menschen, die Gott auf eine andere Weise nicht ernst nehmen. Das sind Menschen – es ist fast nicht zu glauben –, die das gerechte Handeln Gottes missbrauchen. Sie sagen: „Wenn ich lüge, so wird die Wahrheit Gottes dadurch größer. Durch mein böses Verhalten trage ich nur dazu bei, dass Ihm mehr Ehre zuteil wird, denn das Recht ist in jedem Fall auf seiner Seite. Das muss Gott doch angenehm sein!? Eigentlich verdiene ich dafür eine Belohnung. Warum sollte ich dann noch als Sünder gerichtet werden?“ Ihre Schlussfolgerung ist: Lasst uns Böses tun, damit das Gute daraus hervorkommt.

Diese Menschen verbreiteten damals sogar die üble Nachrede, dass der Apostel Paulus dies selbst gelehrt habe. Sie wollten auf diese Weise ihr gottloses Handeln beschönigen und stellten den Apostel in ein schlechtes Licht. Paulus geht darauf nicht ein. Mit Menschen, die so argumentieren, ist nicht zu reden. Darum lautet seine kurze Antwort: „deren Gericht gerecht ist“.

*Lies nun noch einmal Römer 3,1-8. – Nenne einige Vorrechte, die du als Christ hast.*

# 9. Niemand ist gerecht

Nimm dir Ruhe und Zeit für **Römer 3,9-20**

Nachdem der Apostel in den Versen 3-8 die bösen Einwände des Unglaubens entlarvt hat, kommt er in Vers 9 auf Vers 1 zurück, wo von dem Vorteil des Juden die Rede war.

Nun zeigt er, dass alles, worauf die Juden stolz waren, gegen sie zeugte. Waren ihnen die Aussprüche Gottes anvertraut? Nun, das Wort Gottes spricht eine deutliche Sprache über das, was der Mensch von Natur und in seinem Verhalten ist. Da ist der Jude nicht besser als der Grieche. Die Beschuldigung, dass alle unter der Sünde sind, wird kräftig mit Zitaten aus ihrem Alten Testament untermauert. Wie ein Spiegel wird ihnen (und dir) eine Beschreibung vorgehalten, worin sie sich (und du dich) wiedererkennen können.

„Da ist kein Gerechter, auch nicht einer; da ist keiner, der verständig ist; da ist keiner, der Gott sucht." Das traf auf dich zu. Das hast du erkannt. Du meintest vielleicht, dass du recht handeltest und verständig warst, aber als Gott dir begegnete, wurde dir deutlich, dass du für dich selbst lebtest. Du warst von dem Ziel abgewichen, das Gott mit deinem Leben hatte; du warst unnütz, nutzlos geworden. Vielleicht sahst du dich durchaus als einen für deine Umgebung nützlichen Menschen, aber als Gott dir begegnete, zeigte sich, dass du nicht für Ihn lebtest. Darum hast du auch nichts Gutes getan, wie vieler guter Taten du dich vielleicht auch rühmtest. Gut ist nur das, was du aus Liebe zu Gott tust. Was in deinem Inneren vorhanden ist, kommt durch deinen Körper zum Ausdruck, durch deine Worte und Taten.

In den Versen 13 bis 18 finden wir dazu einige Beispiele: Kehle, Zunge, Lippen und Mund – alle diese Körperteile stehen mit dem Tod und dem Verderben in Verbindung. Die Worte, die wir redeten, als wir noch nicht nach Gott fragten, waren Worte ohne Leben. Das stellst du immer noch bei den Menschen fest, wenn du zuhörst, was sie sagen. Bei uns sollte das jetzt nicht mehr so sein.

Von unseren Füßen und unseren Wegen, wie wir sie vor unserer Bekehrung benutzten, muss leider dasselbe gesagt werden. Der Weg des Friedens war uns unbekannt. Wir zögerten nicht lange, jemandem etwas heimzuzahlen, der uns etwas in den Weg legte. Wir werden wohl kaum einen Mord begangen haben, aber haben wir nicht jemanden so richtig gehasst – mit oder ohne buchstäbliches Blutvergießen? Blutvergießen bedeutet, jemandem die Möglichkeit zum Leben zu nehmen. Auf unseren Wegen haben wir eine Spur der Zerstörung und des Elends hinterlassen. Wie vielen haben wir wohl durch unser gottloses Betragen Böses zugefügt? All das kam dadurch, dass keine Furcht Gottes vor unseren Augen war. Wir ließen uns durch unsere eigenen Begierden leiten. Wir lebten für uns selbst, bis Gott uns begegnete und uns diesen Spiegel vorhielt. Darin erkannten wir uns selbst. Das bedeutet nicht, dass wir uns alle in gleichem Maß der hier beschriebenen Dinge schuldig gemacht hätten. Doch all das lebte in unserem Herzen (und ist immer noch der Fall, was unsere sündige Natur betrifft).

Diese Beschreibung galt in erster Linie den Juden, um sie aus ihren eigenen Schriften, deren sie sich rühmten, von ihren Sünden zu überzeugen. Dennoch wird jeder Mensch, der sich ehrlich anhand dieser Beschreibung prüft, erkennen, dass sie auch auf ihn zutrifft.

In Vers 19 finden wir dann eine Schlussfolgerung. Sie bezieht sich nicht nur auf den Abschnitt, den wir soeben überdacht haben, sondern auf den gesamten Abschnitt ab Kapitel 1,18 bis hierher. Diese Schlussfolgerung lautet: Jeder Mund, sowohl des Juden als auch des Heiden, wird verstopft, und die ganze Welt ist dem Gericht Gottes verfallen. Es hat sich gezeigt, dass es in keiner Weise möglich ist, durch eigene Anstrengungen das Wohlgefallen Gottes für unser Tun zu erlangen. Das Gesetz macht deutlich, dass wir gesündigt haben, weil wir es übertreten haben.

Es gibt nur *einen* Menschen, auf den diese Beschreibung nicht zutrifft. Das ist der Mensch Christus Jesus. Sein ganzes Leben war auf Gott hin ausgerichtet; Er tat alles nur für *Ihn*. Daher ist Er auch Gottes Antwort auf alle Schuld und Sünde, in die der Mensch gefallen ist und aus der er sich selbst nicht befreien konnte. Das ist das Thema des folgenden Abschnitts.

*Lies nun noch einmal Römer 3,9-20. – Wie kannst du jetzt für Gott nützlich sein?*

# 10. Rechtfertigung durch Glauben

Nimm dir Ruhe und Zeit für **Römer 3,21-31**

Nach der düsteren Beschreibung des Menschen, der nur für sich selbst lebt – wie auch du und ich es früher taten –, bricht in diesen Versen das Licht durch.

Gott teilt uns in diesem Abschnitt mit, was Er getan hat, damit der in Sünde gefallene Mensch ohne Furcht in seiner Gegenwart sein kann. Der Mensch hat sich als völlig hoffnungsloser Fall erwiesen, so dass Gott nichts mit ihm anfangen konnte. Gott hat für dieses Problem seine eigene Lösung gesucht und gefunden. Er kann den Sünder nämlich für gerecht erklären, wenn dieser an Jesus Christus glaubt. Das gilt für jeden ohne Unterschied. Hat nicht jeder gesündigt? Dadurch bleibt auch jeder von der Herrlichkeit Gottes ausgeschlossen. Doch Gott will so gern Menschen in seiner Herrlichkeit haben. Was jeder Mensch daher nötig hat, ist die Erlösung von seinen Sünden, das sind die bösen Taten, die er begangen hat. Gott kann in seiner Gegenwart keine einzige Sünde dulden.

Christus Jesus hat diese Erlösung bewirkt. Gott hat Ihn „als ein Sühnmittel [o. Gnadenthron]" dargestellt. Bei einem Thron denkt man an Regierung und Gericht. Auf einem Thron wird Recht gesprochen. Gott musste die Sünden richten. Doch das Großartige ist, dass Er die Sünden an seinem Sohn richtete, als dieser am Kreuz hing. Nun ist für jeden, der diese Erlösung im Glauben aus der Hand Gottes annimmt, der Gerichtsthron zu einem Gnadenthron geworden.

Das Blut Christi ist für Gott die einzige gerechte Grundlage, auf der Er Sünden vergeben kann. In Hebräer 9,22 steht: „ohne Blutvergießung gibt es keine Vergebung." Gott nimmt den Sünder nicht an, indem Er über die Sünden hinwegsieht. Er hat dich nur gerecht sprechen können, weil seinen heiligen und gerechten Anforderungen entsprochen worden ist. Das gibt dir die Sicherheit der Sündenvergebung. Es geht nicht darum, was du dabei empfindest, sondern darum, wie Gott es sieht. Weil Gott schon im Alten Testament auf das Werk Christi vorausblickte, konnte Er die Sünden der damals lebenden Gläubigen „hingehen" lassen. Noch einmal: Er sah nicht über diese Sünden hinweg, sondern Er handelte gerecht, als Er sie vergab, weil Er wusste, dass Christus dafür sein Blut würde fließen lassen. Für die gegenwärtige Zeit gilt dasselbe. Für uns, die wir in der Zeit des Neuen Testaments leben, gilt, dass das Werk Christi hinter uns liegt. Es klingt vielleicht etwas eigenartig, doch weil Gott gerecht ist, kann Er nicht anders, als jeden, der glaubt, als einen Gerechten zu betrachten.

Das Blut Christi ist doch geflossen! Gott kennt den Wert dieses Blutes, nämlich dass es die Sünden tilgt. Gott sieht daher bei einem Menschen, der anerkannt hat, dass Christus auch für ihn sein Blut vergossen hat, keine Sünde mehr. Die Sünden existieren nicht mehr. Sie sind für ewig weggetan. So jemand ist vor Gott kein Sünder mehr, sondern jemand, der Ihm angehört und den Er in seiner Nähe haben will. Gott hat aus dir einen Gerechten gemacht. Einen Gerechten sieht Gott nicht mehr in seinem früheren Leben der Sünde, sondern völlig getrennt von seinem sündigen Leben. Ein Gerechter ist Ihm selbst ähnlich. Was für eine Veränderung! Du verstehst nun auch, dass jeder Ruhm für dich selbst ausgeschlossen ist. Alles ist von Gott ausgegangen und von Ihm bewirkt worden. Das Einzige, was du tun konntest und auch tun musstest, war: glauben. Nur durch den Glauben und nicht durch eigene Werke hast du die Erlösung, die Vergebung deiner Sünden und die Rechtfertigung empfangen.

Gott ist nicht nur der Gott der Juden, sondern auch der Nationen, denn Gott sieht alle Menschen als Sünder, weil sie alle gesündigt haben. Und für alle gilt, dass jemand nur durch Glauben gerechtfertigt werden kann.

Wie ist es aber dann mit dem Gesetz? Wird das völlig wirkungslos? Nein, das Gesetz bleibt in voller Kraft bestehen. Wenn wir uns im Spiegel des Gesetzes betrachten, sehen wir sehr bald, dass wir Sünder sind, weil wir das Gesetz nicht halten konnten. Das Gesetz zeigt, dass wir Sünder waren und dass wir unfähig waren, uns vom Fluch des Gesetzes zu befreien.

Wenn wir das anerkennen, bestätigen wir die Autorität des Gesetzes. Das bedeutete also für uns, dass wir unter den Fluch des Gesetzes fielen. Doch glücklicherweise hat Christus uns von dem Fluch des Gesetzes befreit, indem Er am Kreuz für uns den Fluch des Gesetzes getragen hat. Dadurch hat Er die Autorität des Gesetzes in vollem Maß bestätigt.

*Lies nun noch einmal Römer 3,21-31. – Was bedeutet für dich „die Herrlichkeit Gottes"?*

# 11. Ein glücklicher Mensch

Nimm dir Ruhe und Zeit für **Römer 4,1-8**

Paulus stellt nun zwei wichtige Personen aus dem Alten Testament vor, aus der Geschichte Israels, um uns zu zeigen, dass man die Gerechtigkeit Gottes nur durch Glauben erlangen kann.

Das hast du bereits im vorigen Kapitel in Bezug auf das Gesetz gesehen. Gott wendet sehr viel Mühe auf, um dir zu zeigen, dass der Mensch von sich aus gar nichts hinzufügen kann. Alles ist von Ihm ausgegangen. Je besser du das verstehst, umso mehr wirst du Ihn in deinem Leben dafür ehren.

Zuerst wird Abraham genannt. Er ist der Stammvater der Juden. Aus ihm hat Gott das Volk Israel hervorgebracht. Dessen rühmten sich die Juden. Sie taten das sogar in den Gesprächen mit dem Herrn Jesus, als sie sagten: „Wir sind Abrahams Same" (Joh 8,33). Sie meinten, als Nachkommen Abrahams einen Stein im Brett zu haben. Abraham hatte schließlich die Verheißungen empfangen. Gut, das Gesetz hatten sie nicht halten können, aber Gott würde sie trotzdem segnen, weil sie Abrahams Nachkommen waren. Doch so geht es nicht! Du und ich empfangen nicht deshalb einen Segen, weil unsere Vorfahren gesegnet wurden. Wenn unsere Vorfahren Segen empfangen haben, geschah das nicht, weil sie es verdient hatten, sondern weil sie Gott glaubten. Auch wir empfangen den Segen nur durch einen persönlichen Glauben an Gott. Das war bei Abraham so, und das gilt auch für seine Nachkommen: „Abraham aber glaubte Gott, und es wurde ihm zur Gerechtigkeit gerechnet." Das sagt die Schrift.

Der Glaube gründet sich nicht auf einen Menschen, sondern auf klare Aussprüche Gottes. In 1. Mose 15 verhieß Gott dem Abraham einen Erben und durch ihn eine zahlreiche Nachkommenschaft. Abraham glaubte das, obwohl es für ihn nach menschlichem Ermessen unmöglich war, noch Kinder zu bekommen. Er selbst und auch Sara waren dazu schon zu alt. Trotzdem vertraute er darauf, dass Gott seine Verheißung erfüllen würde. Dieser Glaube wurde ihm zur Gerechtigkeit gerechnet. Wenn Gott seine Verheißungen erfüllt, erwartet Er dabei keine Hilfe von Abraham. Hätte Abraham dabei helfen können, so hätte er etwas verdient, weil er mitgewirkt hätte. Genauso wie bei Abraham gilt auch für dich: Du bist durch den Glauben gerechtfertigt. Du wirst dafür nicht geehrt, sondern Gott wird verherrlicht.

Du findest dein Glück gerade in der Tatsache, dass du die Gerechtigkeit Gottes empfangen hast, ohne dafür auch nur das Geringste tun zu müssen. In Psalm 32 spricht auch David von der Gerechtigkeit ohne Werke. Lies dort einmal Vers 5: „Ich tat dir kund meine Sünde und habe meine Ungerechtigkeit nicht zugedeckt. Ich sagte: Ich will dem HERRN meine Übertretungen bekennen." Und was tat der HERR? Das liest du weiter in Psalm 32: „Und du, du hast vergeben die Ungerechtigkeit meiner Sünde." Wenn wir unsere Ungerechtigkeiten und Sünden bekennen und nicht zudecken, tut Gott damit genau das Gegenteil: Er vergibt und deckt zu. Er tut sie weg, sie sind nicht mehr zu sehen. Wenn du das weißt, bist du glücklich! Gott rechnet uns die Sünden, die wir bekannt haben, nicht mehr zu, weil Christus dafür sein Blut vergossen hat. Herrlich, was für eine Gnade!

Der Apostel Paulus (du weißt, dass es eigentlich der Heilige Geist ist) tut alles ihm Mögliche, um uns vorzustellen, was Gott alles getan hat, um uns zu Gerechten zu machen. Menschen, deren Sünden vergeben und zugedeckt sind, sind glückliche Menschen. Wir können zwar dann und wann in unserem Leben Schwierigkeiten haben, aber um unsere Sünden brauchen wir uns keine Sorgen mehr zu machen. Was das betrifft, ist alles vollkommen geordnet. Gott selbst garantiert dafür, denn Er hat sie selbst vergeben.

*Lies nun noch einmal Römer 4,1-8. – Lass gut auf dich einwirken, dass Gott deiner Sünden nie mehr gedenkt.*

# 12. Die Nachkommenschaft Abrahams

Nimm dir Ruhe und Zeit für **Römer 4,9-17**

Damit du verstehst, worum es in den Versen 9-12 geht, muss ich dich noch einmal kurz nach 1. Mose 17 mitnehmen.

Als wir über Römer 2,28.29 nachgedacht haben, habe ich bereits darauf hingewiesen. Lies bitte diesen Abschnitt (Punkt 7) noch einmal daraufhin durch. In 1. Mose 17 liest du von einem Bündnis, das Gott mit Abraham geschlossen hat. Als Zeichen dieses Bundes mussten alle männlichen Personen beschnitten werden. Das war ein äußeres Zeichen, das jeder Junge am achten Tag nach seiner Geburt empfing. Durch dieses Zeichen sonderte Gott das ganze Volk, das aus Abraham hervorgehen würde, also das Volk Israel, von den übrigen Menschen ab. Du hast schon gesehen, dass es ein großes Vorrecht war, zum irdischen Volk Gottes zu gehören.

Doch wenn es um das Empfangen der Gerechtigkeit Gottes geht, gibt für Ihn keinen Unterschied. Um das Glück der Sündenvergebung zu kennen und dadurch zu wissen, dass du vor Gott ein Gerechter bist, spielt es keine Rolle, ob du zum irdischen Volk Gottes gehörst oder nicht. Es geht um dein Inneres, um deinen Glauben an Gott. Als Abraham sein Glaube zur Gerechtigkeit gerechnet wurde, war er noch nicht einmal beschnitten. Er empfing das Zeichen der Beschneidung gerade als Siegel seines Glaubens, den er schon hatte, als er noch *nicht* beschnitten war. Das wird hier hervorgehoben, um zu verdeutlichen, dass Abraham nicht nur der Vater einer buchstäblichen Nachkommenschaft, des Volkes Israel, ist, sondern auch der Vater einer geistlichen Nachkommenschaft. Eigentlich geht es sogar um drei Arten von Nachkommen. Ich werde versuchen, das zu erklären.

In Vers 11 wird er zunächst der Vater der Vorhaut genannt. Dabei geht es um Nichtjuden, also um Heiden, die in ihrem unbeschnittenen Zustand ebenso glaubten wie Abraham, als er noch nicht beschnitten war. Das ist die erste Art der Nachkommenschaft.

In Vers 12 hast du die zweite und die dritte Art der Nachkommenschaft. In diesem Vers wird er der Vater der Beschneidung genannt. Hier geht es um seine buchstäblichen Nachkommen, das ist das Volk Israel. Doch diese buchstäbliche Nachkommenschaft besteht aus zwei Gruppen. Zunächst ist da die Gruppe, die nur in einem äußerlichen Sinn, durch die äußere Beschneidung, Nachkommen Abrahams sind. Zweitens gibt es die Gruppe, die nicht nur äußerlich seine Nachkommen sind, sondern auch in einem geistlichen Sinn. Diese Menschen zeigen, dass sie auch geistlich zu seinen Nachkommen zählen, weil sie auf dem Weg des Glaubens Abrahams, den er bereits hatte, bevor er beschnitten war, in seinen Fußstapfen wandeln.

Die Verheißung, dass Abraham – oder seine Nachkommenschaft – Erben der Welt sein würden, war nicht in irgendeinem Gesetz festgelegt. Das Gesetz ist eine andere Verbindung zwischen Gott und seinem irdischen Volk Israel als die Beschneidung. Denn das Gesetz gab es zur Zeit Abrahams noch lange nicht. Das kam erst viel später. Und wenn ein Gesetz gegeben worden wäre, in dem gestanden hätte, dass sie Verheißungen empfangen würden, dann wäre der Glaube nicht mehr nötig gewesen; denn dann wäre die Verheißung doch wieder vom eigenen Verdienst und von der eigenen Anstrengung abhängig gewesen. Das Ergebnis wäre dann wieder gewesen, dass statt der Erfüllung der Verheißung der Zorn hätte kommen müssen, weil niemand imstande gewesen wäre, den Forderungen des Gesetzes zu entsprechen. Die Gewissheit der Verheißung gründet sich auf den Glauben und die Gnade. Alles ist fest verankert in Gott, an den der Sünder glaubt und der dem Sünder Gnade erweist.

Für Abraham war Gott ein persönlicher, gegenwärtiger Gott. Er glaubte Ihm, vertraute auf Ihn und wusste, dass Gott das bewirken konnte, was für ihn eine unlösbare Aufgabe war. Für Abraham war Gott derjenige, der Tote lebendig macht, ebenso wie Er Dinge, die nicht existieren, aus dem Nichts rufen und ihnen Gestalt geben kann. Betrachte nur die Schöpfung! In Psalm 33,9 steht es so: „Denn er sprach, und es war; er gebot, und es stand da."

Indem Abraham auf diese Weise Gott glaubte, machte Gott ihn „zum Vater vieler Nationen". So wie Abraham Gott auf sein Wort hin glaubte, so darfst auch du, der du Gott in deinem Leben kennen gelernt hast, Ihn im Blick auf seine Verheißungen beim Wort nehmen, die Er dir in seinem Wort gegeben hat.

*Lies nun noch einmal Römer 4,9-17. – Gibt es Verheißungen, die Gott dir gegeben hat, und vertraust du Ihm auch darin?*

# 13. Die völlige Gewissheit des Glaubens

Nimm dir Ruhe und Zeit für **Römer 4,18-25**

Was Abraham nun genau glaubte, geht aus den Versen hervor, die du soeben gelesen hast. In 1. Mose 15 hatte Gott Abraham veranlasst, in der Nacht aus seinem Zelt herauszutreten und zum Himmel hinaufzuschauen.

Dort sah er eine unzählbare Menge von Sternen. Daraufhin sagte Gott zu ihm: Abraham, so zahlreich soll deine Nachkommenschaft werden. Und Abraham glaubte, was Gott gesagt hatte. Zu jener Zeit war er etwa 100 Jahre alt, und das ist wirklich zu alt, um noch Kinder zeugen können. Sarah war zwar zehn Jahre jünger, aber ebenfalls viel zu alt für eine Schwangerschaft.

Abraham verschloss seine Augen nicht vor dieser Situation. Doch er war „nicht schwach im Glauben". Er blieb nicht bei dem stehen, was für Menschen unmöglich ist. Sein Glaube richtete sich auf Gott. Was bei Menschen unmöglich ist, ist bei Gott möglich. Darum zweifelte er nicht an der Verheißung Gottes. Sein Glaube stärkte ihn.

Dass der Glaube Kraft gibt, hast du – so denke ich – auch selbst schon einmal erfahren. Der Glaube ist keine nebulöse Angelegenheit, bei der die Einbildung eine große Rolle spielt, sondern der Glaube bringt Gott in dein Gesichtsfeld. Dieser felsenfeste Glaube an das, was sein Gott zu tun vermochte, überwand Abrahams Zweifel. Er sah nicht mehr auf sich selbst und seine eigene Schwachheit. Damit hatte er bereits genug Enttäuschungen erfahren. Nachdem er gelernt hatte, von sich selbst wegzublicken und in der Kraft des Glaubens auf Gott zu schauen, war er auch völlig davon überzeugt, dass Gott mächtig genug war, das zu tun, was Er verheißen hatte.

Wer einmal Gott, den allmächtigen Gott, so gesehen hat, zweifelt nicht mehr daran, dass Er dort Leben geben kann, wo der Tod das Sagen zu haben scheint. Durch eine solche Haltung wird Gott verherrlicht und geehrt.

Gott seinerseits rechnet Abraham diesen Glauben zur Gerechtigkeit. Gott sieht, dass Abraham Ihn anerkennt, Ihm vertraut und in der richtigen Weise über Ihn denkt. Die Gerechtigkeit, die Gott Abraham zurechnet, bedeutet daher auch, dass Gott gleichsam zu Abraham sagt: „Wenn du so über mich denkst, gehörst du zu mir."

In den Versen 23-25 findest du eine Anwendung, die für dich als jungen Gläubigen sehr wichtig ist. Denn was von Abraham gesagt wird, soll auch dich lehren, wie du die Gerechtigkeit empfangen konntest. Gerechtigkeit ist – vielleicht weißt du es noch –, dass du, der du ein Sünder und weit von Gott entfernt warst, nun Gott angehörst. Du brauchst nichts mehr von Ihm zu befürchten.

Dass Gott dir diesen einzigartigen Platz geben konnte, ist nicht selbstverständlich. Dafür benötigte Er eine gerechte Grundlage. Er konnte nicht so tun, als ob du keine Sünde getan hättest. Gott kann nicht im Widerspruch zu sich selbst handeln, denn du hattest ja wirklich Sünden begangen. Weil Gott heilig und gerecht ist, hätte Er dich bestrafen müssen, doch das hat Er nicht getan. Er selbst fand die Lösung: Der Herr Jesus hat seinen heiligen Forderungen auf eine so vollkommene Weise entsprochen, dass Gott Ihn aus den Toten auferweckt hat.

Hier ist die gerechte Grundlage: Jesus, unser Herr, ist von Ihm aus den Toten auferweckt worden! Der Herr Jesus ist von Gott hingegeben worden, um für deine Sünden das Erlösungswerk am Kreuz zu vollbringen. Hinsichtlich deiner Sünden ist der Gerechtigkeit Gottes in der Person des Herrn Jesus auf dem Kreuz völlig entsprochen worden. Da richtete Gott deine Sünden an Ihm, indem Er dafür starb. Doch wie hätte Gott Ihn im Tod lassen können, als Er für deine Sünden gebüßt hatte? Darum musste Er Ihn auferwecken. Dazu war Gott sich selbst und dem Werk seines Sohnes verpflichtet. Die Tatsache, dass Gott den Herrn Jesus auferweckt hat, ist der feste und untrügliche Beweis dafür, dass Gott im Blick auf deine Sünden nichts mehr zu fordern hat. All seinen Forderungen ist entsprochen worden. Deine Sünden existieren für Ihn nicht mehr, Er sieht sie nicht mehr, sie sind für ewig weggetan. Der Herr Jesus ist das ewige Zeugnis dafür, dass deine Sünden weggetan sind. Wir brauchen nicht zu befürchten, dass Gott noch einmal darauf zurückkommt. Er selbst hat alles zu deiner Rechtfertigung getan. Er sieht dich nicht mehr in Verbindung mit deinen Sünden, sondern in Verbindung mit einem auferweckten Christus. Im nächsten Kapitel wirst du sehen, welche großartigen Folgen das für dich hat.

*Lies nun noch einmal Römer 4,18-25. – Verstehst du nun, dass du bezüglich der Sicherheit deiner Errettung keine Zweifel mehr zu haben brauchst?*

# 14. Friede – Zugang – Hoffnung / Vergangenheit – Gegenwart – Zukunft

Nimm dir Ruhe und Zeit für **Römer 5,1.2**

Diese beiden Verse stecken so voller großartiger Dinge, dass sie ausreichen, darüber einen eigenen Abschnitt zu schreiben. Es wäre gut, diese Verse auswendig zu lernen.

Aus den vorigen Kapiteln hast du sicher gelernt, was nötig war, damit du gerechtfertigt werden konntest. Du hast auch gesehen, wie alles, was zu deiner Rechtfertigung erforderlich war, von Gott selbst ausgegangen ist. Du hast die Gerechtigkeit Gottes empfangen. Er hat alles bewirkt. Du kannst nun auch voller Freude sagen, was in den Versen 1 und 2 steht.

Du bist gerechtfertigt, und das nicht durch eigenes Tun, sondern weil Gott es bewirkt hat, und zwar weil du geglaubt hast. Die Folge davon ist, dass du Frieden mit Gott hast. Früher lebtest du in Auflehnung gegen Gott. Du hörtest nicht auf Ihn und tatest deinen eigenen Willen. Es machte dir überhaupt keine Freude, den Willen Gottes zu tun. Aber Gott beurteilte dein Tun und Lassen ganz anders als du selbst. Doch weil du nun eingesehen hast, dass Gott dich stets richtig beurteilt hat und dass Er durch den Herrn Jesus all das Verkehrte von dir entfernt hat, ist jetzt Friede in deinem Herzen, wenn du an Gott denkst. Es gibt nun Frieden mit Gott, weil dem Recht Gottes entsprochen worden ist. Wenn du an Gott denkst, empfindest du Ruhe und Freude; du freust dich an seiner Gegenwart.

Du kannst nun in deinen Gedanken zu ihm „hineingehen" und mit Ihm sprechen. Du stehst in seiner Gunst. Was ist es doch für eine Gnade, dass du freien Zugang zu dem Gott hast, der dich wegen all deiner schrecklichen Sünden hätte richten müssen. Du kannst nun ohne Einschränkung (ohne Voranmeldung oder Wartezeiten) und ohne Zögern zu Ihm kommen, denn du brauchst nicht zu befürchten, dass Er dich wegschickt. Du darfst Ihm alles sagen, was du auf dem Herzen hast und was du erlebt hast. Er schätzt es, wenn du vertrauten Umgang mit Ihm pflegst.

In der Zukunft darfst du ewig in Gottes Herrlichkeit sein und dich dieser Hoffnung rühmen. In der Bibel ist „Hoffnung" niemals etwas Ungewisses. Heutzutage wird dieses Wort meistens in diesem Sinn gebraucht: Wir sagen „Ich hoffe es" und meinen damit, dass wir etwas zwar wollen, aber nicht sicher sind, ob es auch geschieht. In der Bibel ist „Hoffnung" immer etwas Sicheres. Allerdings ist die biblische Hoffnung etwas Zukünftiges, das sich noch erfüllen muss. Was du „hoffst", ist noch nicht eingetroffen. So ist es auch mit der Herrlichkeit Gottes, in der du für immer sein wirst, die ganze Ewigkeit hindurch. Du bist noch nicht dort angekommen. Du lebst noch hier auf der Erde. Das wird dir ab Vers 3 und in den folgenden Versen deutlich. Es steht jedoch unumstößlich fest, dass du in der Herrlichkeit Gottes ankommen wirst. Dessen darfst du dich sogar rühmen.

Die Garantie dafür liegt nicht in deiner Treue und Kraft, sondern gründet sich ebenfalls auf das, was Gott durch die Auferwekkung des Herrn Jesus getan hat. Dadurch bist du gerechtfertigt worden (lies noch einmal die Verse 24 und 25 des vorigen Kapitels). Was für eine Veränderung deiner Lage ist das, wenn du dich an Römer 3,23 erinnerst. Dort hast du gelesen, dass du die Herrlichkeit Gottes nicht erreichen konntest. Durch deine Sünden war dir dieses Gebiet völlig verschlossen. Es ist Gott unmöglich, in seiner herrlichen Gegenwart Sünde zu dulden. Doch jetzt, wo du gerechtfertigt bist, sehnst du dich voller Verlangen nach seiner Gegenwart, und auch Er sehnt sich nach dir. Was für ein Wunder Gottes! Wie viel Ursache hast du, Ihm zu danken.

Ich habe gerade gesagt, dass du mit allem, was du auf dem Herzen hast, zu Gott kommen kannst. Gott freut es sehr, wenn du zu Ihm kommst, um Ihm für alles zu danken, was Er und der Herr Jesus getan haben. Lege dieses Buch kurz zur Seite und sage Gott, was du bisher von diesem Brief, den Er auch an dich geschrieben hat, verstanden hast. Sage Ihm, dass du Ihn sehr liebst. Dann erlebst du etwas von dem, was die Bibel „Gemeinschaft" nennt. Du sprichst mit Ihm über Dinge, die für dich und auch für Ihn sehr wertvoll sind. Tu das jetzt zuerst und lies anschließend oder morgen die weiteren Verse.

*Lies nun noch einmal Römer 5,1.2. – Lerne diese beiden Verse auswendig!*

# 15. Sich der Trübsal und Gottes rühmen

Nimm dir Ruhe und Zeit für **Römer 5,3-11**

Bei dem Wort „rühmen" kannst du an „froh sein" denken. Nun, du bist sicher froh, wenn du deine Zukunft in Vers 2 vor dir siehst.

Die Aussicht, in die Herrlichkeit Gottes eingehen zu dürfen, macht dich froh. Aber du bist noch nicht da. Du befindest dich noch auf dem Weg dorthin und lebst noch hier auf der Erde mit all den Sorgen und Problemen, die das mit sich bringt. Gibt es denn da etwas zum Rühmen, einen Grund zur Freude?

Ja, denn es heißt in Vers 3: „wir rühmen uns auch der Trübsale." Das ist leicht gesagt, aber wie ist das möglich? So fragst du dich vielleicht. Dazu musst du sagen können: „Wir wissen." Dieses Wissen ist ein sicheres Wissen. Du weißt, dass die Trübsale nicht zufällig sind. Die Schwierigkeiten, die Gott in deinem Leben zulässt, haben ein Ziel. Gott gebraucht die schwierigen Dinge, die dir begegnen, um die Echtheit deines Glaubens zu prüfen. Wenn alles im Leben glatt läuft, ist es nicht schwer zu glauben. Erst wenn Schwierigkeiten kommen, zeigt sich, was dein Glaube wert ist. Wenn dein Glaube echt ist, wirst du fortfahren, auf Gott zu vertrauen. Dann gibst du nicht beim ersten Rückschlag deinen Glauben auf. Du findest gerade deinen Halt darin, dass Gott nichts außer Kontrolle gerät.

Wirklich schwierig wird eine Trübsal erst, wenn sie länger anhält, als es dir gefällt. Dann hast du Ausharren nötig. Um in lange andauernden Schwierigkeiten ausharren zu können, musst du mit der Treue und Hilfe des Herrn rechnen. Er will dich stützen und dir die Kraft zum Ausharren geben. Auf diese Weise erfährst du seinen Beistand. Das ist die Bewährung. Du erfährst seine Hilfe. Das ist eine großartige Erfahrung inmitten all des Betrüblichen.

Die Folge dieser Erfahrung, der Bewährung, ist Hoffnung. Wenn du erfährst, wer Gott im täglichen Leben für dich ist, weißt du, dass Gott dich nicht im Stich lässt und dass Er dich dorthin bringen wird, wo Er dich gern haben möchte, nämlich in seine Herrlichkeit. Du siehst also, wie eins aus dem anderen hervorkommt.

Nun wird noch etwas Großartiges hinzugefügt, und das ist die Liebe. Liebe ist die Natur Gottes. Gott ist Liebe, und Er hat seine Liebe in dein Herz ausgegossen. Auch wenn du es noch so schwer hast, darfst du doch in deinem Herzen die Überzeugung haben, dass Gott es in seiner Liebe niemals zulassen wird, dass ihm die Sache aus der Hand gleitet.

Um diese Liebe Gottes zu erfahren, brauchst du dich nicht anzustrengen. Dazu fehlt dir ebenso die Kraft, wie es dir nicht möglich war, dich selbst vor Gott zu rechtfertigen. Wir haben jetzt eine neue Kraftquelle in uns: den Heiligen Geist, der uns gegeben worden ist. Der Heilige Geist, der selbst Gott ist, hat Gottes Liebe in dein Herz ausgegossen.

Der größte Beweis der Liebe Gottes ist der Tod Christi für Kraftlose und Gottlose. Bei Menschen kann es vorkommen, dass jemand für einen anderen stirbt, weil der andere das wert ist. Aber das ist nicht die Art und Weise, wie Gott liebt. Gott erweist seine Liebe zu dir darin, dass Christus für dich gestorben ist, als du noch ein Sünder warst.

In dir gab es für Gott nichts Anziehendes, wofür Er seinen Sohn in den Tod gegeben hätte. Aber ich sagte schon: Gott ist Liebe. Er gab Christus von sich aus, weil Er Liebe ist. Du hast Ihn nicht darum gebeten. Wenn Gott nun so seine Liebe zu dir bewiesen hat, als du Ihn gar nicht wolltest, sollte Er dann nicht aus dieser Liebe heraus für dich sorgen, solange du noch auf der Erde bist? Erinnerst du dich noch, dass du durch das Blut Christi gerechtfertigt worden bist? Du gehörst Ihm an. Gott sieht immer sein Blut. Er sieht dich nicht mehr als Sünder, sondern Er sieht dich in Verbindung mit dem Herrn Jesus.

Christus ist Bürge dafür, dass du vom Zorn gerettet werden wirst. Der Zorn Gottes kann dich unmöglich mehr treffen. Er hat sich bereits entladen, als Christus für dich starb. Du warst ein Feind Gottes, der mit Ihm versöhnt werden musste. Das ist durch den

Tod seines Sohnes geschehen. Jetzt bist du kein Feind Gottes mehr. Du bist mit Gott versöhnt. Und der Sohn Gottes ist nicht mehr tot. Er war tot, und jetzt lebt Er bis in alle Ewigkeit. Er lebt! Weißt du, wozu Er jetzt lebt? Um dich zu erretten. Erretten bedeutet hier: dich durch alle Gefahren des Lebens sicher hindurchzulotsen und in die Herrlichkeit Gottes zu bringen. Glaubst du, dass Er das tun kann? Ganz sicher!

In Vers 11 ist zum dritten Mal von „rühmen" die Rede. Das ist die höchste Form des Rühmens. Es ist nicht das Rühmen in der Hoffnung der Herrlichkeit Gottes wie in Vers 2, auch nicht das Rühmen in den Trübsalen wie in Vers 3. Dieses Rühmen in den Versen 2 und 3 hat mit der Zukunft zu tun, die noch vor dir liegt, und mit deinem täglichen Leben. Die Zukunft wird einmal in Erfüllung gehen, und das tägliche Leben auf der Erde wird einmal aufhören. Deshalb wird das Rühmen in den Versen 2 und 3 ebenfalls einmal aufhören.

Mit dem Rühmen in Vers 11 ist das anders. Da geht es um das Rühmen in Gott selbst als der Quelle und dem Ursprung aller Segnungen. Dann sprichst du nicht mehr von dir selbst und von dem, was du empfangen hast. Gott selbst, der Geber, steht in seiner ganzen Größe vor dir. Durch den Herrn Jesus, durch den du jetzt die Versöhnung empfangen hast, darfst du dich Gottes rühmen. Dieses Rühmen Gottes ist etwas, womit du jetzt schon beginnen kannst und was auch nicht aufhören wird, wenn wir in der Herrlichkeit Gottes angekommen sind. Wir werden Ihn dort in alle Ewigkeit bewundern und anbeten.

*Lies nun noch einmal Römer 5,3-11. – Sage Gott, dass du Ihn liebst und wie du Ihn wegen seiner Liebe, die du jeden Tag erfährst, und wegen der Gabe seines Sohnes, bewunderst.*

# 16. Die Erbsünde

Nimm dir Ruhe und Zeit für **Römer 5,12-14**

Hier beginnt ein neuer Teil in diesem Brief. Es ist sehr wichtig, gut über diese Verse nachzudenken, damit du in deinem Glaubensleben gestärkt wirst.

Bisher hat der Apostel über deine *Sünden* zu dir gesprochen, und zwar über die Taten, die du im Ungehorsam gegenüber Gott getan hast. Er hat dir auch mitgeteilt, dass Gott deine Sünden vergeben hat und dass Er das tun konnte, weil Jesus Christus sein Blut vergossen hat. Gott sieht deine Sünden nicht mehr. Er sieht dich jetzt als einen Gerechtfertigten, als jemanden, der ein Recht darauf hat, Ihm anzugehören. Es gibt nichts mehr bei dir, was für Gott ein Hindernis wäre, dich in seiner Nähe zu haben. Und du fühlst dich bei Ihm zu Hause. Denke noch einmal an die Verse 1 und 2 dieses Kapitels. (Hast du sie bereits auswendig gelernt und hast du sie auch im Herzen?)

Es bestehen also keine Probleme mehr in Bezug auf das, was du getan hast, auf deine bösen Taten. Doch nun kommst du zu der Erkenntnis (oder bist, denke ich, bereits dazu gekommen), dass du immer noch imstande bist zu sündigen. Du willst nicht mehr fluchen oder lügen oder stehlen oder böse Dinge sagen oder jemanden ärgern, und doch geschieht es immer wieder. Wie kommt das?

Das liegt daran – das sollte dir gut bewusst sein –, dass du eine böse Natur hast. Du hast schlechte Dinge getan (und tust sie manchmal leider immer noch), weil du schlecht bist. Du kannst das mit einem Baum und seinen Früchten vergleichen. Wenn du z. B. von einem Apfelbaum alle Früchte abpflückst, gibt es keine Früchte mehr an diesem Baum. Dennoch bleibt er ein Apfelbaum. Im nächsten Jahr wachsen wieder Äpfel daran. Die Früchte, die

Äpfel, kann man mit unseren sündigen Taten vergleichen, die wir getan haben.

Gott hat deine Sünden, deine bösen Taten weggetan. Aber die Wurzel dieser Taten – die böse Natur – ist noch in dir. Das ist die Sünde, die in uns wohnt und von der du dich beherrschen ließest, als du noch ein Sünder warst.

Was Gott nun mit der Sünde, der bösen Natur, getan hat, wird im Rest dieses Kapitels und in den beiden folgenden Kapiteln erklärt. Gott ist mit der Sünde, die in dir wohnt, der bösen Natur, aus der deine bösen Taten hervorkommen, anders umgegangen als mit den bösen Taten selbst. Darum musst du die Belehrungen dieses ganzen Abschnitts gut auf dich einwirken lassen.

Wir sind bereits früher in diesem Brief schwierigen Abschnitten begegnet, und auch dieser Abschnitt ist nicht ganz einfach. Für ausgewogene Glaubenserfahrungen und ein gesundes Wachstum in deinem Glaubensleben ist er jedoch von allergrößter Bedeutung. Wenn du siehst, wie ausführlich Paulus hierauf eingeht, wirst du das verstehen.

In Vers 12 beginnt er mit der Feststellung, dass die Sünde durch *einen* Menschen, den ersten Menschen, Adam, in die Welt gekommen ist. Mit der Sünde ist auch der Tod gekommen. Sünde und Tod gehören untrennbar zusammen. Das hat Gott in 1. Mose 2,17 bereits zu Adam gesagt: „Welches Tages du davon issest, wirst du gewisslich sterben." Doch die Sünde, die Adam tat, hatte nicht nur für ihn selbst schlimme Folgen, sondern alle Menschen, die nach Adam geboren sind, haben dieselbe böse Natur von ihm empfangen. Als Folge davon sind alle Menschen, die je gelebt haben, gestorben. Von der Nachkommenschaft Adams ist niemand am Leben geblieben. (Ich kenne zumindest keine Ausnahme. Du vielleicht?)

Du siehst hier, wie radikal die Folgen der Tat Adams sind. Dadurch, dass jeder Mensch sündigt, zeigt jeder Mensch auch in der Praxis, dass er von Adam abstammt. Glücklicherweise ist damit nicht das letzte Wort gesagt, wie die folgenden Verse deutlich machen werden.

Die Verse 13 bis 17 bilden einen Zwischensatz. In den meisten Übersetzungen wird das dadurch deutlich, dass diese Verse in

Klammern gesetzt sind. Zunächst wird in den Versen 13 und 14 noch darauf hingewiesen, dass das Problem der Sünde nicht etwas war, womit nur die Juden zu tun hatten, denen das Gesetz gegeben worden war. Die Sünde existierte längst in der ganzen Welt und kam nicht erst auf, als Israel das Gesetz gegeben wurde. Das Gesetz kann nur etwas gebieten oder verbieten. Wenn kein Gesetz gegeben ist, kann man das Gesetz auch nicht übertreten und daher auch nicht aufgrund des Gesetzes bestraft werden. Doch das Gesetz änderte nichts an der Tatsache, dass der Tod herrschte.

Adam hatte zwar ein Gebot übertreten (nicht von dem Baum der Erkenntnis des Guten und Bösen zu essen) und war gestorben. Aber alle, die in der Zeit zwischen Adam und Mose lebten, sind ebenfalls gestorben, auch wenn sie kein ausdrückliches Gebot übertreten hatten.

Alles in allem ist klar, dass durch und seit Adam die Sünde und der Tod in die Welt gekommen sind. Doch die Sünde und der Tod haben, wie gesagt, nicht das letzte Wort. Da durch *einen* Menschen, Adam, solche schrecklichen Dinge in die Welt gekommen sind, ist ein anderer Mensch, Christus, gekommen, der großartige Dinge bewirkt hat. In gewissem Sinn ist Adam daher auch ein Vorbild von dem, der kommen sollte, das ist Christus. Das wird in den folgenden Versen dargelegt.

*Lies nun noch einmal Römer 5,12-14. – Kennst du aus deinem eigenen Leben oder aus dem Leben anderer ebenfalls Ereignisse, die Folgen für andere Menschen hatten?*

# 17. Christus und Adam

Nimm dir Ruhe und Zeit für **Römer 5,15-21**

Hier wird ein Vergleich zwischen Adam und Christus angestellt. Sie sind beide Haupt eines Menschengeschlechts.

Das sind die beiden Gruppen, in die die ganze Menschheit eingeteilt werden kann. Entweder gehört jemand Adam an, dem Haupt eines in die Sünde gefallenen Menschengeschlechts, oder Christus, dem Haupt eines gerechtfertigten Menschengeschlechts. Die Folgen der Tat Adams gelten ebenso für die ganze Gruppe, die ihm angehört, wie die Folgen der Tat Christi für die Gruppe gelten, die Ihm angehört. Dieser Abschnitt ist nicht so einfach auszulegen. Du musst ihn Vers für Vers auf dich einwirken lassen. Ich will versuchen, dir zu helfen, die Unterschiede zwischen Adam und Christus zu verstehen, wie sie in diesen Versen aufgezeigt werden.

Vers 15: Hier werden die Gnadengabe (Christus, der von Gott gegeben worden ist) und die Übertretung (die Adam begangen hat) miteinander verglichen. Sowohl die Übertretung als auch die Gnadengabe haben weit reichende Folgen für andere. Die Übertretung des *einen* Menschen, Adam, bedeutet für alle Menschen, dass sie sterben müssen. Seine Tat wirkt sich auf seine gesamte Nachkommenschaft aus. Seit Adam sind daher auch „die vielen" gestorben. Glücklicherweise steht dem die Gabe Gottes in Jesus Christus gegenüber. Diese Gabe wirkt sich ebenfalls auf alle aus, die Ihn angenommen haben. Und diese Gnadengabe reicht *weit* über die Übertretung hinaus. Das wird jeder, der zu „den vielen" gehört, mit Dankbarkeit anerkennen. Tust du es auch?

Vers 16: Hier wird die Gabe mit dem Sündigen verglichen. Der Anlass für das Gericht war „nur" die *eine* Sünde, die Adam getan hat. Der Anlass zu unserer Rechtfertigung waren unsere vielen Übertretungen. Gott hat sie alle für immer durch die Hingabe seines Sohnes am Kreuz weggetan.

Vers 17: Hier werden die Ergebnisse miteinander verglichen. Das Ergebnis der Übertretung des *einen*, Adam, war, dass durch ihn der Tod in die Welt kam und herrschte. Betrachte jedoch dagegen das Ergebnis der „Gabe". Jeder, der die Gabe der Rechtfertigung empfangen hat, wird im Leben herrschen. Das ist durch den anderen *einen*, Jesus Christus, möglich geworden. Wer Ihm angehört, ist aus dem Tod in das Leben übergegangen.

Vers 18: Hier geht es um die Folgen der *einen* Tat Adams und der *einen* Tat Christi. Die Folgen der einen Tat Adams erstrecken sich auf alle Menschen; das bedeutet für jeden Verdammnis. Wenn jemand also Adam angehört, d. h. sich noch nicht bekehrt hat, wird er auch verdammt werden. Doch die Folgen der Tat Christi erstrecken sich ebenfalls auf alle Menschen. Alle Menschen können Anteil an einem neuen Leben bekommen, für das das Gericht nicht mehr gilt.

Vers 19: In diesem Vers findest du den letzten Vergleich. Wer gehört nun Adam und wer gehört Christus an? Alle Sünder gehören Adam an, weil er ungehorsam gewesen ist. Alle Gerechtfertigten gehören Christus an, weil Er gehorsam gewesen ist.

Zwischen den Versen 18 und 19 besteht ein Unterschied. In Vers 18 heißt es, dass alle Menschen als Folge der Tat Adams unter die Verdammnis fallen. Doch alle Menschen können auch durch das Werk Christi gerechtfertigt werden. Hier geht es also darum, auf wen sich die Folgen der Tat Adams bzw. des Werkes Christi erstrecken: auf alle Menschen.

In Vers 19 ist jedoch nicht von „allen Menschen" die Rede, sondern von den vielen. Hier geht es darum, auf wen die Folgen der Tat Adams oder des Werkes Christi nun tatsächlich anwendbar sind. Wer Adam angehört, befindet sich dadurch in der Stellung eines Sünders. Wer Christus angehört, befindet sich dadurch in der Stellung eines Gerechten. Als das Gesetz kam, war der Mensch bereits ein Sünder. Doch durch das Gesetz wurde es noch viel deutlicher, dass er ein Sünder war, weil er das Gesetz übertrat. So wurde der Mensch ein immer hoffnungsloserer Fall. Doch was liest du dann? „Wo aber die Sünde überströmend geworden ist,

ist die Gnade noch überreichlicher geworden." Gottes Gnade überragt die Sünde des Menschen immer bei weitem. Für dich gilt nicht mehr, dass der Tod durch die Sünde herrscht. Für dich herrscht die Gnade. Doch beachte gut, dass die Gnade durch Gerechtigkeit herrscht und nicht deshalb, weil Gott so täte, als ob die Sünde nicht mehr vorhanden wäre. Dir ist Gnade zuteil geworden, weil der Gerechtigkeit Gottes entsprochen worden ist. Das Ergebnis davon ist, dass du das ewige Leben empfangen hast. Und bald – wer weiß, wie bald – wirst du dieses Leben in all seiner Fülle in der Herrlichkeit Gottes genießen dürfen, und das alles durch Jesus Christus, unseren Herrn. Was für einen Gott haben wir doch und was für einen Herrn!

*Lies nun noch einmal Römer 5,15-21. – Stelle einmal fest, welche weiteren Unterschiede es noch zwischen Christus und Adam gibt (siehe z. B. 1. Korinther 15,45).*

# 18. Die Taufe

Nimm dir Ruhe und Zeit für **Römer 6,1-7**

Vorab eine direkte Frage: Bist du schon getauft? Wenn das noch nicht geschehen ist, so hoffe ich, dass du es sehr bald tun lässt. In dem vor uns liegenden Abschnitt finden wir nun, was es bedeutet, getauft zu sein.

Auch wenn du schon getauft bist, ist es gut, wieder einmal darüber nachzudenken.

Eigentlich wird hier zu solchen Christen über die Taufe gesprochen, die sich bereits hatten taufen lassen. Einige hatten vergessen, was die Taufe bedeutet. Sie gaben Gedanken Raum, die im Widerspruch zu dem standen, was sie in der Taufe ausgedrückt hatten. Darum erinnert Paulus sie an ihre Taufe. Solche Erinnerungen hast auch du nötig. Du hast dich sicherlich über die überreiche Gnade gewundert, die Gott dir durch Christus erwiesen hat. Je größer die Sünde war, desto überreichlicher wurde die Gnade. Aber das bedeutet doch nicht, dass du dann einfach in der Sünde weiterleben kannst, oder?

Wenn du so denken würdest, würdest du nichts von dem Werk Christi verstehen und davon, was Gott mit der Sünde getan hat. Weißt du noch, was Gott mit der Sünde getan hat? Er hat die Sünde, das ist die Quelle, die Wurzel, aus der die bösen Taten hervorkommen, in Christus gerichtet. Und du bist in Christus unter dem Gericht Gottes gestorben. Ebenso sicher wie Christus in den Tod gegangen ist, ebenso sicher bist du in seinem Tod der Sünde gestorben. Darum ist es doch eigentlich unmöglich, weiter in der Sünde zu leben.

Um diesen einfachen Gedankengang zu unterstreichen, weist Paulus hier auf die Taufe hin. Wer sich taufen lässt, anerkennt und erklärt öffentlich, dass der Tod die einzige Lösung war, die Gott für die Sünde hatte. Gott kann mit einem Menschen, der in der Sünde lebt, nichts anderes tun, als das Urteil des Todes über ihn zu fällen. Indem du dich taufen lässt, erkennst du das an und lässt dich symbolisch mit Christus begraben. Es ist genauso wie im Alltagsleben: Wer gestorben ist, muss begraben werden. Für so jemanden ist das Leben auf der Erde abgelaufen, und nach dem Begräbnis ist nichts mehr von ihm zu sehen. Das gilt auch für dich, wenn du dich hast taufen lassen. Damit ist dein altes Leben in der Sünde abgelaufen. Das Leben, das du fortan lebst, ist ein Leben in Neuheit.

Um das zu ermöglichen, kam die Herrlichkeit des Vaters in das Grab des Herrn Jesus herab und weckte Ihn aus den Toten auf. Die Herrlichkeit des Vaters konnte in das Grab des Herrn Jesus herabkommen, weil die Sünde gerichtet war. Dieser Herrlichkeit gehörst du jetzt an. Du bist mit Ihm in seinem Tod *eins*gemacht. Du bist aber auch mit Ihm in seiner Auferstehung *eins*gemacht.

Das darfst du in der dich umgebenden Welt zeigen, in der sich nichts verändert hat. Aber *du* bist verändert. Du lebst jetzt auf eine andere, neue Weise. Die Welt, in der du dich früher zu Hause fühltest, hat dir jetzt nichts mehr zu bieten. Womit könntest du einem Gestorbenen noch Freude bereiten? Es hat gar keinen Zweck, ihm etwas anzubieten, denn er kann es nicht mehr annehmen. Von einem Gestorbenen ist auch nichts mehr zu erwarten. Er kann keinerlei Aktivität mehr entfalten. Das Werk Christi am Kreuz ist äußerst radikal. Dort ist unser alter Mensch mit Christus gekreuzigt und der Leib der Sünde abgetan worden.

„Der Leib der Sünde" bedeutet: alles in deinem ganzen Sein, was von der Sünde gebraucht werden konnte, um sich zu äußern. War nicht alles, was du tatest, als du noch ein Sünder warst, in den Händen der Sünde? Lebtest du nicht ganz und gar für dich selbst? Nun, dein ganzes Sein ist mit Christus gekreuzigt worden.

Nun hat die Sünde keinerlei Zugriff mehr auf dich und kann nichts mehr von dir gebrauchen, denn alles ist weggetan, ausgeschaltet, wirkungslos gemacht worden. Du dienst der Sünde nicht mehr, denn du bist gestorben. Jeder wird sagen, dass es selbstverständlich ist, von einem Gestorbenen keinerlei Aktivität mehr zu erwarten. Geistlich ist das genauso. Wer gestorben ist, ist von der

Sünde gerechtfertigt. Gegen ihn gibt es keine Anklage mehr. Rechtlich gesehen ist eine solche Person frei von der Sünde.

Vielleicht sagst du jetzt: Alles gut und schön, so steht es zwar da, aber ich erlebe doch, dass die Sünde mich durchaus noch gebrauchen kann. Auf diese Erfahrung geht Paulus später noch ein. Im Augenblick ist es wichtig, dass du im Glauben annimmst, dass das, was mit Christus geschehen ist, als er gekreuzigt wurde, starb und begraben wurde, auch mit dir geschehen ist. Gott hat dich in Ihm gerichtet. Du musst das genauso glauben, wie du geglaubt hast, dass deine Sünden, deine verkehrten Taten, durch sein Blut vergeben sind.

*Lies nun noch einmal Römer 6,1-7. – Wie wichtig findest du es, getauft zu sein? Warum?*

# 19. Lebe für Gott!

Nimm dir Ruhe und Zeit für **Römer 6,8-14**

Du bist also mit Christus gestorben. Halte das gut fest. So sieht Gott dich. Glaube das. Was immer du auch an dir selbst siehst oder erfährst, lass dich dadurch nicht irritieren. Du bist gestorben!

Da ist noch etwas, was du glauben darfst („glauben" bedeutet hier wieder: sicher wissen!), nämlich dass du auch mit Christus leben wirst. Gott sah dich völlig *eins* mit Christus, als Er starb. Und Gott sieht dich völlig *eins* mit Christus in der Zukunft, wenn du bei Ihm sein wirst. Du darfst das wissen, weil Christus nicht im Tod geblieben, sondern aus den Toten auferweckt worden ist. Er hat den Tod hinter sich gelassen. Nie wieder wird der Tod Macht über Ihn erlangen. Er stirbt nicht mehr. Der Tod herrscht nicht mehr über Ihn. Durch seinen Tod hat Er ein für allemal, auf ewig, mit der Sünde abgerechnet. Es wird nie mehr erforderlich sein, dass Er für die Sünde sterben muss.

Um das Problem der Sünde zu lösen, ist Er als Mensch auf die Erde gekommen. Während seines Erdenlebens hatte Er täglich mit der Sünde zu tun und kam damit in Berührung. Er war davon umgeben. Er selbst hat keine Sünde getan (1. Pet 2,22); Er kannte die Sünde nicht (2. Kor 5,21); Sünde war nicht in Ihm (1. Joh 3,5). Nur am Kreuz, in den drei Stunden der Finsternis, wurde Er zur Sünde gemacht, trug die Sünden und starb dafür. Sein Sterben geschah also im Blick auf die Sünde und ist damit eine Sache, die für immer erledigt ist. Es braucht nichts mehr hinzugefügt zu werden. Was sein jetziges Leben betrifft, so lebt Er für Gott. Die Bedeutung, die die vorausgehenden Verse für dich haben, kommt in Vers 11 zum Ausdruck. In diesem Vers steht, woher du für ein Leben für Gott Kraft bekommst.

Dieser Vers beginnt mit den Worten: „So auch ihr", das bedeutet: auf die gleiche Weise. Betrachte, was Christus für die Sünde getan hat und was Er jetzt in seinem Leben tut. Ist Er gestorben? Dann bin auch ich gestorben. Das ist etwas, das du in der Praxis deines Lebens als Christ verwirklichen musst. Darum wird es hier als eine Aufgabe betrachtet, dass du dich der Sünde für tot hältst. Gott betrachtet dich als mit Christus gestorben. Dann betrachte dich selbst auch so! Hier steht nicht, dass du sterben musst, sondern dass du gestorben bist. Es ist geschehen. Beachte das, und lebe nicht, als ob du nicht gestorben wärest.

Mit dem Leben Christi ist es so wie mit seinem Sterben. Lebt Christus und lebt Er für Gott? Ja! Daher lebst auch du in Christus Jesus für Gott. So sieht Gott dich. Die Sünde hat daher keinerlei Rechte mehr an deinen Leib. Es besteht gar kein Grund mehr, den Begierden deines sterblichen Leibes zu gehorchen. Du bist ja gestorben! Darum sage „Nein" zur Sünde, wenn sie versucht, dich zu gebrauchen. Lass nicht zu, dass die Glieder deines Leibes wieder zu Werkzeugen der Sünde werden, um Ungerechtigkeit (verkehrte Dinge) zu tun. Erlaube deiner Hand nicht zu stehlen; erlaube deinem Mund nicht zu fluchen oder zu lügen. Lass es nicht zu, dass deine Augen Unreines betrachten, und lass deine Ohren nicht die Musik dieser Welt hören.

Die Glieder deines Leibes stehen der Sünde nicht mehr zur Verfügung. Dein Leib ist jetzt ein Werkzeug des Lebens aus Gott, und du kannst und darfst ihn jetzt für Gott gebrauchen. Deine Hände kannst du gebrauchen, um anderen zu helfen. Deinen Mund kannst du gebrauchen, um gute, tröstende Worte zu sagen und um Gott damit zu preisen. Deine Augen kannst gebrauchen, um die Schönheiten in Gottes Schöpfung zu bewundern und herrliche Dinge über den Herrn Jesus zu lesen. Mit den Ohren kannst du auf das hören, was andere zu sagen haben, vielleicht über ihre Probleme, vielleicht über ihr Leben mit dem Herrn. Deine Glieder behalten ihre eigene Funktion, doch sie sind Werkzeuge geworden, die Gott dazu gebrauchen kann, Gerechtigkeit (gute Dinge) zu bewirken. Übergib dich so Gott, denn du stehst nicht unter dem Gesetz, sondern unter der Gnade.

Zwischen dem Gesetz und der Gnade besteht ein enormer Unterschied. Das Gesetz hat bewiesen, dass du ein Sünder und Übertreter warst. Es zeigte, dass du seinen Anforderungen nicht entsprechen konntest. Die Gnade fordert jedoch nicht, im Gegenteil, sie gibt! Gott hat alles getan und gibt die Kraft zu einem Leben für Ihn. Er hat deinem früheren Leben in der Sünde ein Ende bereitet, indem Er dich im Tod Christi sterben ließ. Dadurch wird die Sünde nicht mehr über dich herrschen. Du bist gestorben. Und weil die Sünde ihre Kraft über dich durch das Gesetz ausübte, hast du auch nichts mehr mit irgendeinem Gesetz zu tun. Du stehst jetzt unter der Gnade. Gnade bedeutet, dass du überhaupt nichts von dir selbst erwartest und dich völlig Gott auslieferst. Nur unter der Gnade gibt es Kraft zu einem Leben für Gott.

*Lies nun noch einmal Römer 6,8-14. – Wie möchtest du heute (oder morgen) deine Glieder in den Dienst Gottes stellen?*

# 20. Dienen unter der Gnade

Nimm dir Ruhe und Zeit für **Römer 6,15-23**

Dass du jetzt nicht mehr unter Gesetz bist, bedeutet nicht, dass du jetzt tun kannst, wozu du selbst Lust hast.

Weißt du, was mit dir geschehen ist? Du hast einen anderen „Herrn" bekommen. Früher warst du ein Sklave, und jetzt bist du es immer noch. Ein Sklave hat keinerlei Recht auf etwas, das er für sich selbst beanspruchen könnte. Er lebt immer für einen anderen, der über ihn zu bestimmen hat.

Es gibt nicht *einen* Menschen, der frei ist. Jeder Mensch ist ein Sklave. Aber wessen Sklave bist du? Wenn du dich in den Dienst der Sünde stellst, um der Sünde zu gehorchen, bist du ein Sklave der Sünde. Dann endet dein Leben im Tod. Wenn du dich in den Dienst des Gehorsams stellst, um das zu tun, was Gott sagt, so wird sich das in deinem Leben zeigen. Du wirst in deinem Leben den Willen Gottes beachten und das durch Handlungen zeigen, die richtig und positiv vor Gott sind. Es gibt nur diese beiden Möglichkeiten: entweder ein Sklave der Sünde oder ein Sklave der Gerechtigkeit zu sein.

Du kannst Gott dafür danken, dass du ein Sklave der Sünde *warst*. Das ist Vergangenheit! Du kannst Ihm auch dafür danken, dass etwas anderes an dessen Stelle getreten ist. Du hast den Herrn Jesus kennen gelernt. Er ist der Inhalt der Lehre, in der du unterwiesen worden bist. Er ist dein Vorbild, von dem du lernen kannst, wie sich ein Sklave der Gerechtigkeit verhalten muss.

In den vorigen Kapiteln hast du gesehen, was Gott alles durch Ihn getan hat. Das hat dich beeindruckt, und darum bist du von Herzen gehorsam geworden. Das ist kein Gehorsam gegenüber irgendeinem jenem Gesetz, sondern Gehorsam gegenüber einer

Person, gegenüber Gott, dem du dein Herz übergeben hast. Du bist freigemacht von der Sünde, wirklich völlig frei. In der Welt ist Freiheit etwas, wofür man kämpft. Unterdrückte Menschen sehnen sich danach. Sie atmen erleichtert auf, wenn sie ohne Angst vor der Obrigkeit wieder gehen und stehen dürfen, wo sie möchten. Das gilt in noch stärkerem Maß für die Sünde. Sie hat keine Macht mehr über dich. Du bist jetzt ein Sklave der Gerechtigkeit. Früher hast du unreine und faule Dinge getan und in Gesetzlosigkeit gelebt. Gesetzlosigkeit bedeutet, dass du keine Autorität anerkanntest und auf niemanden hörtest. Du lebtest für dich selbst und legtest deine eigenen Normen fest. Obwohl du glaubtest, frei zu sein, warst du damals doch ein Sklave, ebenso wie es alle Menschen ohne Gott immer noch sind. Nun darfst du der Gerechtigkeit dienen mit dem Ziel der Heiligkeit.

Heiligkeit bedeutet, dass du völlig abgesondert für Gott in dieser Welt lebst. Leben in Heiligkeit heißt nicht, mit einem Heiligenschein auf dem Kopf herumzulaufen. Heiligung bedeutet einfach, dass du nicht mehr mit der Welt mitmachst, sondern dass du dich auf Gott ausrichtest.

Als Sklave der Sünde tatest du nicht den Willen Gottes; das konntest du auch nicht. Du folgtest deinen eigenen Begierden und Lüsten. Wenn du daran zurückdenkst, kannst du dich nur zutiefst schämen. Das einzige Ergebnis dieses Lebens war der Tod. Glücklicherweise hat Gott das Todesurteil nicht an dir, sondern an dem Herrn Jesus vollstreckt. Dadurch bist du von der Sünde freigemacht und ein Sklave Gottes geworden. Jetzt kommt aus deinem Leben eine ganz andere Frucht zum Vorschein, keine Frucht, über die du dich schämst, sondern eine Frucht, an der du dich erfreust; diese Frucht ist Heiligkeit. Wenn du als Sklave Gottes lebst, lebst du in völliger Hingabe an Gott und kehrst der Sünde und der Welt den Rücken zu. Gott sucht in deinem Leben diese Frucht der Heiligkeit. Je mehr von dieser Frucht zu sehen ist, desto mehr erhältst du einen Blick auf das herrliche Endziel: das ewige Leben, das du in Vollkommenheit genießen wirst, wenn du im Himmel bist.

Vers 23 fasst das Vorhergehende noch einmal mit kurzen Worten zusammen. (Lerne auch diesen Vers auswendig!) Durch die Sünde empfängst du, was du verdienst. Jeder ohne Ausnahme hat als Lohn der Sünde den Tod verdient. Gott stellt dem etwas gegenüber, was man sich nicht verdienen kann. Es ist eine Gnadengabe, ein Geschenk, worauf man keinerlei Rechtsanspruch hat: das ewige Leben! Gott schenkt es in Jesus Christus, unserem Herrn.

Alles, was Gott zu geben hat, steht mit dem Herrn Jesus in Verbindung. Durch Ihn kommen alle Segnungen zu dir, die im Herzen Gottes sind. Er hat alle Hindernisse für dich weggenommen. Gott sieht dich jetzt in Verbindung mit Ihm. Darum kann Gott dir diesen großen Segen des ewigen Lebens geben.

*Lies nun noch einmal Römer 6,15-23. – Wie steht es bei dir mit der Heiligung?*

# 21. Frei vom Gesetz

Nimm dir Ruhe und Zeit für **Römer 7,1-6**

Du bist frei von Schuld. Das ist dir im Abschnitt von Kapitel 3,21 bis Kapitel 5,11 deutlich gemacht worden.

Du bist auch von der Macht der Sünde freigemacht worden. Das ging aus dem Schluss von Kapitel 5 und aus Kapitel 6 hervor. Nun musst du noch etwas lernen, nämlich dass du auch vom Gesetz freigemacht worden bist. Darum geht es in diesem Kapitel.

Freigemacht zu sein vom Gesetz ist am schwierigsten im Glauben anzunehmen, weil es ganz anders erlebt werden kann. Wie schwierig das ist, wird in diesem Kapitel vorgestellt. Hier begegnest du jemandem, der zwar neues Leben besitzt und daher das Gute tun will, aber doch immer wieder das Böse tut. Daher fühlt er sich sehr elend.

Ich habe selbst auch eine solche Periode in meinem Leben durchgemacht. Man möchte gern für den Herrn Jesus leben, und doch versagt man immer wieder. Das liegt daran, dass man sich selbst – bewusst oder unbewusst – Verpflichtungen auferlegt. Man will Gott dienen und meint, dass man das am besten tun kann, wenn man sich an bestimmte Regeln, an das Gesetz hält. Das Gesetz ist ja schließlich von Gott gegeben. Die Folge ist jedoch, dass man ein enormes Versagen empfindet. Die Freude des Glaubens nimmt ab, ein Zeugnis kann man nicht mehr sein. Man ist nur noch mit sich selbst beschäftigt. Die Worte „ich" und „mein/mir" kommen etwa 40-mal in diesem Kapitel vor. Die Befreiung aus diesem elenden Zustand finden wir erst am Ende des Kapitels, in Vers 25. Darum musst du das ganze Kapitel gut auf dich einwirken lassen.

Die Verse 1 bis 6 sind eine Art Einleitung. Wenn es um den Gebrauch des Gesetzes geht, ist jedem klar, dass es über den Menschen herrscht, solange er lebt. Es wäre der größte Unsinn, jemandem, der beispielsweise ein Verkehrsdelikt begangen hat, dabei jedoch selbst ums Leben gekommen ist, noch ein Bußgeld aufzuerlegen. Ein Bußgeld wird nur dem auferlegt, der für das begangene Delikt zur Verantwortung gezogen werden und dafür auch büßen kann. Bei einem Toten ist das nicht möglich.

Paulus illustriert das noch einmal mit dem Beispiel einer Ehe. Er will dir zeigen, dass eine Verbindung zwischen zwei Parteien so lange gilt, wie beide am Leben sind. Es gibt nur *einen* Weg, wie eine solche Verbindung aufgelöst werden kann, nämlich wenn eine der Parteien stirbt. Erst dann ist – im Fall einer Ehe – die Frau frei, einen anderen Mann zu heiraten. Sie wäre eine Ehebrecherin, wenn sie die Frau eines anderen Mannes würde, solange ihr erster Mann noch lebt.

Wenn Paulus dies auf die Verbindung zwischen dem Gläubigen und dem Gesetz anwendet, sagt er Folgendes: Nach dem Gesetz musste der Sünder getötet werden. Doch du bist durch den Leib des Christus bereits dem Gesetz gestorben. Als Christus starb, starbst auch du. Doch Christus ist aus den Toten auferweckt worden. Du stehst daher nicht mehr in Verbindung mit dem Gesetz, sondern mit einem auferstandenen Christus, der ebenfalls nichts mehr mit dem Gesetz zu tun hat. Das Gesetz hat sich ja völlig auf Ihn ausgewirkt. Da du nicht mehr mit dem Gesetz, sondern mit einem auferstandenen Christus verbunden bist, kannst du jetzt für Gott Frucht bringen.

Als du noch im Fleisch warst, d. h. als du noch ungläubig warst und deinen eigenen Willen tatest, gabst du den Lüsten der Sünde nach. Je mehr das Gesetz verbot, etwas zu tun, desto mehr verlangtest du danach. Du weißt, wie das geht: Gerade das, was verboten ist oder wird, reizt am meisten, es doch zu tun. Das war jedoch alles Frucht für den Tod und nicht Frucht für Gott. Damals lebtest du gleichsam als Gefangener des Gesetzes. Das Gesetz schrieb dir vor, was du tun musstest, und übte seine Autorität über dich aus. Du warst sein Sklave. Aber weil du gestorben bist, kann das Gesetz jetzt nicht mehr über dich bestimmen. Du dienst jetzt auf eine ganz neue Weise, nicht mehr im Alten des Buchstabens, d. h. auf eine Weise, bei der alles genau vorgeschrieben war. Du dienst jetzt im Neuen des Geistes, d. h. auf eine Weise, bei der du das neue, geistliche Leben wirken lässt, das Leben, das auf den Herrn Jesus ausgerichtet ist.

*Lies nun noch einmal Römer 7,1-6. – Stell dir selbst die Frage: Lebe ich aus meiner Verbindung mit dem Herrn Jesus oder aus der Verbindung mit einem Gesetz?*

# 22. Durch das Gesetz kommt Erkenntnis der Sünde

Nimm dir Ruhe und Zeit für **Römer 7,7-13**

Es wurde in diesem Brief bereits vieles über das Gesetz gesagt. Auch in den folgenden Kapiteln und in anderen Briefen des Apostels Paulus wird davon noch die Rede sein.

Darum musst du in diesem Abschnitt gut beachten, warum das Gesetz nun eigentlich gegeben worden ist. Das ist (wieder) kein einfacher Abschnitt, aber (wieder) sehr wichtig. Du könntest vielleicht denken, dass das Gesetz etwas Sündiges sei. Es bringt dich scheinbar nur dazu, verkehrte Dinge zu tun. Doch das ist nicht der Fall.

In Kapitel 3,20 haben wir bereits gelesen, dass durch das Gesetz Erkenntnis der Sünde kommt. Beachte das Wort „Erkenntnis“! Es steht hier also nicht, dass das Gesetz dich dazu bringt zu sündigen. Allerdings zeigt das Gesetz, was Sünde ist. Nehmen wir einmal die Begierde. Begierde ist etwas, das du nicht sehen kannst. Sie befindet sich in deinem Herzen. Dass Begierde Sünde ist, hättest du nicht gewusst, wenn das Gesetz nicht gesagt hätte: „Du sollst nicht begehren.“ Weil es aber so deutlich im Gesetz steht, empfindest du, dass es so ist. Die in dir wohnende Sünde weckt in dir die Begierde, gerade weil ein Gebot gegeben ist, das dir verbietet zu begehren. Ein Beispiel kann dies verdeutlichen. Unsere Kinder dürfen, wenn sie aus der Schule heimkommen, sich immer einen Keks aus der Keksdose nehmen. Stell dir vor, dass ich an einem bestimmten Morgen zu ihnen sage: „Wenn ihr nach Hause kommt, dürft ihr nicht zur Keksdose gehen und auch nicht hineinsehen.“ Die Folge wäre, dass sie sich beim Heimkommen zusammennehmen müssten, um meinem Gebot zu gehorchen. Durch das Gebot ist bei ihnen die Begierde geweckt worden. Die

Sünde gebraucht das Gebot, um die Begierde zu wecken. Solange ich das Gebot nicht gegeben hatte, lag nichts vor. Die Sünde war zwar vorhanden, aber tot, d. h. sie wurde nicht erfahren. Aber als das Gebot (das Gesetz) kam, lebte die Sünde auf, und sie wurden sich bewusst, dass sie vorhanden ist.

Hier siehst du die Funktion des Gesetzes in der Praxis. Früher, als du noch nicht bekehrt warst, lebtest du ohne Gesetz. Du kümmertest dich nicht um das Gebot „du sollst nicht begehren". Es existierte für dich gar nicht. Aber als du Gott in dein Leben einließest, dachtest du an sein Gesetz. Dadurch bekamst du einen Blick für die Sünde, denn das Gebot zeigte sie dir. Aber du entdecktest auch noch etwas anderes, nämlich dass das Gesetz dich verurteilte, weil du es nicht halten konntest.

Das Gebot, das zum Leben gegeben war (denn Gott hatte in 3. Mose 18,5 gesagt: „durch welche der Mensch, wenn er sie tut, leben wird"), bedeutete für dich den Tod. Das kam durch die Sünde, die in dir wohnt. Die Sünde gebrauchte (oder besser gesagt: missbrauchte) das Gesetz, um dich zu verführen, verkehrte, sündige Dinge zu tun. Es liegt also nicht am Gesetz, denn das Gesetz kommt von Gott und ist heilig, und die Gebote des Gesetzes sind heilig und gerecht und gut. Sollte das Gute, das Gott gegeben hat, damit du dadurch leben könntest, für dich den Tod bedeuten? Das ist doch unmöglich! Wie kommt es denn, dass du jetzt doch unter dem Todesurteil des Gesetzes stehst? Das kommt durch die Sünde. Die Sünde hat das Gute benutzt, um für mich den Tod zu bewirken. Was Gott zum Guten gegeben hatte, hat die Sünde zum Bösen benutzt.

Doch es ist noch etwas anderes geschehen: Das Gesetz hat die Sünde in ihrer wirklichen Gestalt gezeigt, ja sie ist sogar durch das Gesetz überaus sündig geworden. Was das bedeutet, hast du schon in Kapitel 5,20 gesehen. Die Sünde war bereits in der Welt, bevor das Gesetz gegeben wurde. Jetzt, wo das Gesetz gegeben worden ist, wird die Sünde noch schlimmer, weil das Gesetz zeigt, was Sünde ist, und du und ich das nunmehr wissen. Ein Beispiel kann das vielleicht noch verdeutlichen. In England ist per Gesetz vorgeschrieben, dass man links fahren muss. Wenn du also nach England kämest und nicht wüsstest, dass Autos in England links fahren, und du führest dort rechts, würdest du ein Verkehrsdelikt begehen. Doch wenn man dir mitgeteilt hätte, dass man in England links fährt, und du führest trotzdem rechts, wärest du besonders schuldig. So ist es auch mit der Sünde und mit dem Gesetz. Durch das Gesetz kommst du dahinter, was Sünde ist. Du bist auch besonders verantwortlich für die Sünde, die du begehst, denn du weißt jetzt, was erlaubt ist und was nicht.

*Lies nun noch einmal Römer 7,7-13. – Woran zeigt sich das Gute des Gesetzes?*

# 23. Das Ringen unter dem Gesetz

Nimm dir Ruhe und Zeit für **Römer 7,14-26**

In diesen Versen begegnest du einer Person, die mit der Frage des Gesetzes ringt. Es geht um jemanden, der bekehrt ist und Leben aus Gott besitzt.

Das geht vor allem aus Vers 22 hervor, wo es heißt, dass diese Person Wohlgefallen am Gesetz Gottes hat. So etwas sagt ein Ungläubiger nicht. Hier geht es um jemanden, der mit der Sünde kämpft, die in ihm wohnt. In diesem Kampf sinkt er immer tiefer. Er gleicht einem Menschen, der in einen Morast geraten ist. Du weißt wohl, dass der Morast ein Gelände ist, in dem du ganz allmählich tiefer einsinkst und wo jeder Versuch, dich selbst daraus zu befreien, dich nur noch schneller sinken lässt. Der „Morastläufer" – so wollen wir diese Person einmal nennen – will sich selbst aus der Macht der Sünde befreien, indem er dem Gesetz Gottes gehorchen will. Dennoch erleidet er immer wieder eine Niederlage, er sinkt immer tiefer. Er tut immer wieder das, was er hasst, tut immer wieder das Böse, obwohl er doch so gern das Gute tun will.

Kommt dir dieser Kampf bekannt vor? Ich denke, dass dieser Kampf auch für dich eine notwendige Erfahrung sein wird, wenn du wirklich ernsthaft mit Gott und dem Herrn Jesus leben willst. Das heißt nicht, dass dieses Ringen dein ganzes Leben lang andauern müsste! Es gibt einen Ausweg. Wer diesen Kampf nicht kennt, ist häufig ein oberflächlicher Christ. Durch diesen Kampf erfährst du nämlich am eigenen Leib, dass in dir, das ist in deinem Fleisch, nichts Gutes wohnt.

Wie entsteht ein solcher Kampf eigentlich? Er entsteht durch einen falschen Gebrauch des Gesetzes. Wie sollst du mit dem Gesetz umgehen? Du weißt, dass das Gesetz in einem allgemeinen

Sinn geistlich ist, d. h. es richtet dich auf Gott aus und zeigt dir, wie du Ihm dienen musst. Doch warum gelingt dir das nicht? Weil du fleischlich bist, unter die Sünde verkauft. Dort liegt das Spannungsfeld. Du kannst es nicht begreifen: Du willst Gott gern dienen, aber du tust es nicht. Im Gegenteil, du tust gerade das, was du hasst. Diese Erfahrung macht dir allerdings eines klar: Wenn du tust, was du nicht willst, erkennst du an, dass das Gesetz gut ist. Das Gesetz will ja auch nicht, dass du das Verkehrte tust. So stimmst du hierin mit dem Gesetz überein. Es muss also etwas anderes sein, das das Verkehrte tut. Das ist auch so, nämlich die Sünde, die in dir wohnt. Du kannst der Sünde nicht die Schuld für das Verkehrte, das du tust, zuschieben; es liegt an dir selbst, denn du gestehst ja der Sünde zu, dich zu gebrauchen. Das liegt daran, dass du in dir selbst keine Kraft hast, der Sünde zu widerstehen. Du willst zwar das Gute tun, aber in deinem Fleisch, in der sündigen Natur, wohnt nichts Gutes. Das ist der Grund, weshalb du das Böse tust. Doch dann bist nicht mehr du derjenige, der es tut, sondern die Sünde, die in dir wohnt.

Was du bei dir selbst feststellst, ist dies: Bei deinem Verlangen, Gutes zu tun (und dieses Verlangen ist gut!), drängt sich dir das Böse auf. In deinem Herzen empfindest du Freude am Gesetz Gottes, und du verlangst danach, entsprechend zu leben. Dieses Verlangen kommt aus der neuen Natur, die du empfangen hast. Doch du besitzt auch noch eine alte Natur, die sich gleichzeitig Geltung verschaffen will. Die alte Natur, das Gesetz der Sünde, macht dich zu ihrem Gefangenen und kämpft darum, in deinem Leben die Herrschaft zu behalten. Dieser Kampf findet in den Gliedern deines Leibes statt, denn es geht um die Frage, wer die Herrschaft über deine Glieder hat. Deine Hände, Augen, Füße, dein Verstand usw. stehen nach deiner Bekehrung im Dienst Gottes (siehe Römer 6). Doch du erfährst, wie in diesem Kampf die Sünde noch die Verfügungsgewalt darüber hat. Dadurch fühlst du dich als der elendste Mensch auf der Erde. Dein Leib ist ein Leib, in dem der Tod wirkt und von dem du gern erlöst werden möchtest. Wie soll es jetzt weitergehen?

Beachte nun einmal das Wort „wer“ in Vers 24. Es ist so, als würde der „Morastläufer“ (der eigentlich du bist, wenn du mit einem solchen Ringen zu tun hast) nach all den Versuchen, sich selbst zu befreien, wozu er die Kraft in sich selbst suchte, jetzt um sich her blicken und die Erlösung, die Rettung von jemand anderem erwarten. Das ist zugleich das Ende seines Ringens. Sein Auge wird auf Gott gerichtet. Er sieht, dass Gott die Befreiung schon längst bereitgestellt hat, denn Jesus Christus hat sie bereits bewirkt. Wer das erkennt, wird Gott unmittelbar dafür danken. (Wie diese Befreiung zustande gekommen ist, musst du noch einmal im ersten Teil dieses Kapitels nachlesen.)

Der letzte Vers enthält dann die Schlussfolgerung, was die Kennzeichen der beiden Naturen sind, die ein Gläubiger besitzt. Diese beiden Naturen wirst du behalten, solange du auf der Erde lebst. Das braucht dich nicht mehr zu beunruhigen, da die alte Natur jetzt keine Herrschaft mehr über dich ausübt. Im folgenden Kapitel wirst du sehen, was Gott dir außerdem noch geschenkt hat, damit du ein Leben als Überwinder führen kannst.

*Lies nun noch einmal Römer 7,14-26. – Hast du hin und wieder das Gefühl, das in diesen Versen beschrieben wird? Was solltest du dann tun?*

# 24. Wandeln nach dem Geist

Nimm dir Ruhe und Zeit für **Römer 8,1-7**

Nachdem du darum gerungen hast, aus dem Morast von Kapitel 7 herauszukommen, hast du jetzt festen Boden unter den Füßen. Deine Festigkeit liegt in Christus.

Für die, die in Christus sind, gibt es keine Verdammnis. Was ist das für eine Erleichterung! Gott sieht dich so, und deshalb darfst du dich selbst auch so sehen. Jede Angst vor dem Gericht ist weggenommen, denn Christus hat das Gericht getragen und ist aus den Toten auferstanden. Wenn du in deinem Glaubensleben so weit gekommen bist, dass du nicht mehr auf dich, sondern auf Christus blickst, wirst du feststellen, dass der Heilige Geist in dir sein Werk tun kann.

Der Heilige Geist wird hier der „Geist des Lebens" genannt. Er bewirkt nicht den Tod, sondern das Leben. So war er bereits im Leben Christi Jesu wirksam. Überall, wohin der Herr Jesus kam, brachte Er Leben.

Als der Herr Jesus gestorben war, stand Er selbst in der Kraft des Geistes des Lebens aus den Toten auf. Auf genau dieselbe Weise bist du durch diesen Geist des Lebens von der Macht der Sünde und des Todes erlöst worden. Du erinnerst dich noch, wie das Gesetz jedem, der es halten würde, Leben verhieß. Aber niemand konnte das Gesetz halten. Nicht weil das Gesetz nicht gut war, sondern weil im Fleisch keine Kraft war, es zu halten.

Ich habe einmal folgenden Vergleich gelesen, der das verdeutlichen kann: Stell dir einmal einen geschickten Holzschnitzer vor, der aus einem Stück Holz die schönsten Figuren schnitzen kann; außerdem verfügt er über die besten Werkzeuge. Gib diesem Mann ein Stück vermodertes Holz. Damit kann er nichts anfangen. Das liegt nicht an ihm, denn er hat die nötigen Fähigkeiten. Es liegt auch nicht an seinen Werkzeug, denn das ist von bester Qualität. Woran liegt es dann? Natürlich an dem Holzstück. Genauso ist es auch mit dem Gesetz und mit uns.

An Gott liegt es nicht, denn Er ist vollkommen „geschickt“. Es liegt auch nicht am Gesetz, denn das ist „heilig, gerecht und gut“, wie wir im vorigen Kapitel gesehen haben. Es liegt also an uns, dass das Gesetz nicht zu seinem Ziel kommt. Es liegt an unserem Fleisch, dass das Gesetz kraftlos ist. Wie groß ist es daher, dass Gott uns nicht weiter „vermodern“ ließ. Als erwiesen war, dass es dem Gesetz unmöglich war, dich von der Sünde und dem Tod zu befreien, ging Gott ans Werk. Er sandte seinen eigenen Sohn als Mensch in diese Welt. Am Kreuz von Golgatha hat Gott an seinem Sohn die Sünde gerichtet.

Du musst gut beachten, dass das, was hier in Vers 3 steht: „in Gleichgestalt des Fleisches der Sünde“, sich auf die Fleischwerdung, d. h. Menschwerdung des Herrn Jesus bezieht. Dabei ist Er uns Menschen gleich geworden. Doch beachte: ausgenommen die Sünde. Er hat also nicht an dem bösen, sündigen Fleisch teilgenommen, das wir als Menschen von Natur seit unserer Geburt haben, weil wir von sündigen Eltern abstammen. Im Blick auf seine äußere Erscheinung wurde er uns gleich. Darin unterschied Er sich in nichts von uns. Nur als der Herr Jesus am Kreuz hing, und zwar in den drei Stunden der Finsternis, hat Gott die Sünde im Fleisch verurteilt. Er hat völlig mit ihr abgerechnet und sie für ewig weggetan.

Die neue Kraftquelle, die von nun an in deinem Leben wirken will, ist der Heilige Geist. Wenn du dich durch Ihn leiten lässt, wirst du auch die gerechte Forderung des Gesetzes erfüllen. Bist du also doch noch dem Gesetz unterworfen? Nein, durchaus nicht! Doch glaubst du, dass der Heilige Geist dich zu etwas veranlasst, das dem Gesetz widerspricht? Natürlich nicht! Darum, wenn du dich durch den Geist leiten lässt, wirst du (gleichsam automatisch) das tun, was das Gesetz sagt. Dennoch ist das nicht das Ziel eines Wandels nach dem Geist. Wandeln nach dem Geist bedeutet viel mehr. Es bedeutet, dass du dem Heiligen Geist in deinem Leben Raum gibst und Er dein Denken erfüllt.

Durch deine Denkweise kommt zum Ausdruck, wodurch du dich leiten lässt. Worauf richtest du deine Gedanken? Wonach verlangst du? Du bist bekehrt und hast neues Leben. Du hast den Heiligen Geist empfangen. Trotz des Kampfes, den du hin und wieder führen wirst, richtest du dich doch auf ganz andere Dinge aus als vor deiner Bekehrung. Damals warst du auf fleischliche Dinge aus, dein Leben war ganz auf dich selbst ausgerichtet. Was war das Ergebnis davon? Nichts anderes als der Tod.

Jetzt bist du auf geistliche Dinge ausgerichtet; dein Leben ist auf Gott ausgerichtet. Was ist das Ergebnis davon? Leben und Frieden! Das echte, wahre Leben, das du innerlich empfangen hast, äußert sich und wird sichtbar durch deine Lebensweise. Du betrachtest die Dinge um dich herum völlig anders, als du es bisher immer getan hast. Jetzt erst hat dein Leben einen Inhalt bekommen. Du kennst Gott und du kennst Christus. Weil alles mit Gott in Ordnung ist, wohnt Friede in deinem Herzen. Lies noch einmal Kapitel 5,1.2. Diesen Frieden wirst du immer tiefer erleben, wenn du dein Leben in allen Dingen Gott übergibst und auf Ihn ausgerichtet bleibst.

Mit dem Fleisch ist das völlig anders. Im Fleisch ist überhaupt kein Verlangen nach Leben und Frieden. Im Gegenteil, alles, worauf das Fleisch sinnt, ist nur Feindschaft gegen Gott. Das Fleisch ist unverbesserlich schlecht. Es will und kann sich dem Gesetz Gottes nicht unterwerfen. Sei dir gut bewusst, was hier als charakteristisch für das Fleisch aufgezählt wird und was für den Geist charakteristisch ist. Dann wirst du schnell erkennen, ob ein bestimmtes Verlangen aus dem Fleisch oder aus dem neuen Leben kommt.

*Lies nun noch einmal Römer 8,1-7. – Was ist der Unterschied zwischen dem Wandel nach dem Fleisch und dem Wandel nach dem Geist?*

# 25. Wenn der Geist in dir wohnt ...

Nimm dir Ruhe und Zeit für **Römer 8,8-14**

Für jemanden, der im Fleisch ist, ist es unmöglich, etwas zu tun, was Gott wohlgefällt. Im Fleisch zu sein bedeutet, auf sich selbst ausgerichtet zu sein, auf die eigenen Fähigkeiten, Anstrengungen, Pläne und Absichten.

Selbst wenn jemand „im Fleisch" versuchen würde, durch das Beachten des Gesetzes Gott zu gefallen, wäre das doch für Ihn unannehmbar, weil der Ausgangspunkt verkehrt ist. Gott hat mit dem Fleisch, der durch die Sünde verdorbenen menschlichen Natur, endgültig abgerechnet. Wie könnte Er davon noch etwas annehmen? Es besteht eine definitive Trennungslinie zwischen Gott und dem sündigen Fleisch. Doch wer den Geist Gottes empfangen hat, ist nicht mehr im Fleisch, sondern im Geist. Die Betonung liegt auf Gott. Es ist der Geist *Gottes*, der jetzt in dir wohnt. Der Geist Gottes macht nicht dich wichtig, sondern Christus. Durch den Geist Gottes bist du mit Christus verbunden, gehörst du Ihm an.

Wer den Geist Christi nicht hat, ist nicht sein. Warum ist hier nun auf einmal vom Geist Christi die Rede? Ich denke, um dir zu zeigen, dass der Geist, den du empfangen hast, derselbe Geist ist, der auch Christus in seinem Leben auf der Erde leitete. Wenn du die Evangelien liest, stellst du das fortwährend fest. Betrachte z. B. einmal die Versuchung in der Wüste in Lukas 4,1. Du liest dort, wie der Herr Jesus, voll Heiligen Geistes, vom Jordan zurückkehrte und in die Wüste ging. Und auch als Er in der Wüste war, ließ Er sich durch den Geist leiten. Dadurch blieb Er in der Versuchung Sieger. Er blieb völlig Gott geweiht.

Das will der Geist auch bei dir erreichen. Der Geist Gottes wohnt in dir, weil Christus in dir ist. Der Geist Gottes kann sich nur mit etwas verbinden, was Christus gehört. Das schließt in sich, dass der Leib, so wie er von der Sünde zu verkehrten Praktiken gebraucht wurde, tot ist. Andernfalls hätte der Geist nicht Wohnung darin machen können.

Doch nachdem Christus jetzt in dir ist, ist es völlig angemessen, dass der Geist dort wohnt, um in deinem Leben die Herrschaft auszuüben, gerade so, wie es bei Christus der Fall war.

Mit der Innewohnung des Geistes Gottes in dir ist noch etwas Wichtiges verbunden. Das hat mit der Auferstehung deines sterblichen Leibes zu tun. Dein Leib ist noch den Folgen der Sünde unterworfen. Er kann krank sein und auch sterben. Doch sieh einmal, was Gott mit dem Herrn Jesus getan hat. Gott hat Ihn aus den Toten auferweckt.

Wie soll das nun im Blick auf dich geschehen? Dein Leib ist doch noch sterblich. Wie verträgt sich das mit dem Geist Gottes, der in dir wohnt und der alles mit dem Leben zu tun hat? Die Antwort ist, dass Gott auch deinen sterblichen Leib lebendig machen wird, genauso wie Er es bei dem Herrn Jesus getan hat, und zwar gerade deshalb, weil sein Geist in uns wohnt. Aus anderen Stellen, z. B. aus Philipper 3,21, darfst du wissen, dass dies bei der Wiederkunft des Herrn Jesus geschehen wird.

Das alles legt dir eine bestimmte Verpflichtung auf. Du bist ein Schuldner geworden, um in Übereinstimmung mit der Stellung zu leben, die Gott dir gegeben hat. Er hat dich mit allem ausgerüstet, was dazu nötig ist: das neue Leben und der Heilige Geist. Dem Fleisch gegenüber hast du keine einzige Verpflichtung mehr. Es hat kein Recht mehr auf dich, denn du bist, was das frühere Leben betrifft, gestorben. Du hast das Fleisch zwar noch in dir, aber du sollst ihm keine Chance geben, sich Geltung zu verschaffen. Wenn du doch nach dem Fleisch lebst, wirst du sterben. Das geht nicht anders. Das Urteil Gottes über das Fleisch ist unumstößlich. Doch du hast die Möglichkeit, dem Fleisch jede Gelegenheit zu nehmen, in deinem Leben wieder zur Herrschaft zu kommen. Durch die Kraft, die dir der Geist gibt, kannst du die Anreize der Sünde in deinem Leib, die dich zu verkehrten Dingen verleiten wollen, zum Schweigen bringen.

Wenn du das tust, wirst du das Leben mit Gott erleben, so wie Gott es gemeint hat. Jeder Mensch, der durch den Geist Gottes geleitet wird, gleicht dem Sohn Gottes, dem Herrn Jesus. Söhne Gottes sind Menschen, in deren Leben Gott *den* Sohn wiedererkennt. Der Sohn Gottes tat alles vollkommen zur Verherrlichung Gottes. An Ihm fand Gott seine Freude, sein Wohlgefallen. Wenn du dich durch den Geist Gottes leiten lässt, findet Gott auch an dir seine Freude.

*Lies nun noch einmal Römer 8,8-14. – Wie kannst du die Handlungen des Leibes töten?*

# 26. Erbe Gottes

Nimm dir Ruhe und Zeit für **Römer 8,15-21**

Durch den Geist Gottes geleitet zu werden, ist das ganz anderes, als sein Leben nach irgendeinem Gesetz auszurichten.

Wenn deine Lebensregel ein Gesetz ist, machst du dich einem Sklaven gleich. Ein Sklave lebt nicht aus der innigen Verbindung mit seinem Herrn. Er muss einfach das tun, was ihm aufgetragen wird. Dabei spielt im Hintergrund stets die Angst eine Rolle, etwas Falsches zu tun. Der Geist, das ist das neue Leben, das du jetzt empfangen hast, hat nichts mit Sklaverei und Angst zu tun. Der Geist, den du empfangen hast, ist ein Geist der Sohnschaft. Das ist etwas völlig anderes. Durch diesen Geist rufst du Gott als Vater an. Du sagst: „Abba, Vater." Dieses Wort weist auf einen vertrauten und freundschaftlichen Umgang hin. Du kennst deinen Vater als jemandem, der dir sehr nahe ist und dem du sehr nahe gebracht worden bist. Er liebt dich, und du vertraust Ihm völlig. Du bist in ein Familienverhältnis zu Ihm gebracht worden. Du bist sein Kind geworden.

Der Heilige Geist, der in dir wohnt, zeugt mit deinem eigenem Geist (das ist also das neue Leben, das du empfangen hast), dass du ein Kind Gottes bist. Du bist ein Kind deiner Eltern, weil du von ihnen geboren bist. Das ist eine feststehende, unwiderrufliche Tatsache. Daran kann nichts und niemand etwas ändern. Ein Kind Gottes bist du, weil du aus Gott geboren bist. Daran kann nichts und niemand etwas ändern. Deshalb: Einmal ein Kind Gottes, für immer ein Kind Gottes! Bei einem Kind kommen die Charakterzüge seiner Eltern zum Vorschein. So kommen bei einem Kind Gottes auch die Eigenschaften Gottes hervor. Davon kannst du in Philipper 2,14-16 lesen. Dort geht es allerdings mehr um deine Verantwortung. Hier in Römer 8 geht es mehr um deine

Vorrechte. Davon ist dieses Kapitel voll, und es wird immer schöner und reicher. Wenn du ein Kind bist, bist du auch ein Erbe. Ein Erbe ist jemand, der einen bestimmten Besitz von einem anderen empfängt. Gott ist der Eigentümer der Schöpfung. Er wird dir seinen Besitz geben, wenn du mit Christus verherrlicht sein wirst, denn Christus ist *der* Erbe. Du bist Miterbe mit Ihm. Was du empfängst, empfängst du immer in Verbindung mit Ihm.

Voraussetzung ist allerdings, dass du auch mit Ihm leidest. Wenn du mit Ihm leidest, ist das der Beweis dafür, dass du das neue Leben besitzt, denn hier geht es um ein Leiden, das auch der Herr Jesus kannte, als Er auf der Erde war. Er hat in dieser Schöpfung gelitten, als Er sah, wie die Sünde ihr verwüstendes Werk getan hatte und noch tat. Auf diese Weise wirst auch du leiden, wenn du um dich her die Folgen der Sünde siehst. Was für einen Missbrauch treibt doch der Mensch mit allem, was Gott geschaffen hat! Er gebraucht alles, um sich damit einen Namen zu machen und Befriedigung zu verschaffen. Sehnst du dich auch nach dem Augenblick, wo das Erbe (die Schöpfung) wieder in die Hände des rechtmäßigen Eigentümers gelangen wird? Paulus sehnte sich jedenfalls danach. Er sehnte sich nach der zukünftigen Herrlichkeit, die er einmal sehen würde. Dagegen schrumpften die Leiden, die er damals zu erdulden hatte, in ein Nichts. Das ist für dich eine ermunternde Belehrung. Je mehr diese herrliche Zukunft für dich eine Realität ist, desto mehr wirst du imstande sein, die Schwierigkeiten, die du als Gläubiger erlebst, zu ertragen.

Weißt du, was „die Offenbarung der Söhne Gottes" bedeutet? Das bedeutet, dass ein Augenblick kommen wird, wo alle Söhne Gottes (das sind alle Gläubigen) sichtbar in dieser Schöpfung erscheinen werden, um zusammen mit dem Herrn Jesus über die Schöpfung zu regieren. Durch die Misswirtschaft, die der Mensch jetzt führt, bringt die Schöpfung bei weitem nicht das hervor, was Gott hineingelegt hat. Trotz aller menschlichen Bemühungen, die Reichtümer der Schöpfung gerecht zu verteilen, wird das Chaos nur immer noch größer. Der Mensch vertraut auf seine eigenen Fähigkeiten, doch er vergisst, dass er ein Geschöpf ist, das in die Sünde gefallen ist. Durch seinen Fall hat er auch die Schöpfung mitgerissen. Die Schöpfung ist also nicht freiwillig der Nichtigkeit unterworfen worden, sondern durch die bewusste Sünde des Menschen.

Aber es besteht Hoffnung für die Schöpfung. Sie wird freigemacht werden. Jetzt ruht der Fluch wie ein Sklavenjoch auf ihr. Das kann man an der Vergänglichkeit erkennen, die allen Dingen anhaftet. Diese Vergänglichkeit ist ein Beweis dafür, dass die Schöpfung auf ein niedrigeres Niveau gebracht worden ist. Sie hat nicht mehr den herrlichen Zustand des Paradieses. Dieser Niedergang kommt durch das Verderben, das zusammen mit der Sünde Eingang in die Schöpfung bekommen hat. Doch der Augenblick, wo die Gläubigen in die Herrlichkeit eingeführt werden, ist sehr nahe. Wenn der Herr Jesus sie entrückt haben wird, werden sie völlig frei und für das Verderben in der Schöpfung unantastbar sein. Kurz darauf wird auch die Schöpfung freigemacht werden. Sehnst auch du dich danach?

*Lies nun noch einmal Römer 8,15-21. – Kannst du von Herzen nachsprechen, was Paulus in Vers 18 sagt?*

# 27. Der Geist nimmt sich deiner Schwachheit an

Nimm dir Ruhe und Zeit für **Römer 8,22-27**

Du solltest dir einmal die Mühe machen und nachschauen, wie oft die Worte „wir wissen" in den verschiedenen Briefen vorkommen. Das sind Worte, die nur in den Mund eines Christen passen.

Der Mensch ohne Gott denkt groß über seine so genannte „Wissen"-schaft. Er versucht, durch Forschung alles zu ergründen. Dennoch besitzt der einfachste Christ eine Erkenntnisquelle, von der die Gelehrten dieser Welt keine Ahnung haben. Durch den Geist Gottes, der in ihm wohnt, hat er Einsicht über den wahren Zustand der Schöpfung. Er empfindet die Not, in der sie sich befindet. Das Seufzen der Schöpfung findest du z. B. im Tierreich, wo das Schwache und Kranke keine Überlebenschance hat. Oder betrachte einmal das Pflanzenreich. Auch von dort ertönt wegen der Kurzlebigkeit der Pracht ein Ruf nach einer neuen Schöpfung.

Diese Seufzer werden mit einer Frau verglichen, die in Geburtswehen liegt und im Begriff ist, neues Leben zur Welt zu bringen. Die Geburtswehen der Schöpfung weisen auf ihre Neugeburt hin. In Matthäus 19,28 nennt der Herr Jesus das die „Wiedergeburt". Dann wird der Sohn des Menschen (der Herr Jesus) auf dem Thron seiner Herrlichkeit sitzen und alles so lenken, dass die Schöpfung ihrem Zweck entspricht: ein Segen zu sein, den Gott dem Menschen gab, damit dieser sich daran erfreuen kann.

Innerlich hast du bereits eine Erneuerung erfahren. Die ersten Früchte (Erstlinge) des Geistes hast du empfangen, als du das neue Leben bekamst. Das neue Leben ist ein Werk des Heiligen Geistes. Du bist jetzt schon eine neue Schöpfung (vgl. 2. Kor 5,17;

Gal 6,15), weil Gott dich völlig in Verbindung mit Christus und seinem vollbrachten Werk sieht. Nur dein Leib muss noch erlöst werden. Wenn du bedenkst, dass dein Leib noch krank und müde sein und Schmerzen erleiden kann, begreifst du, dass du durch deinen Leib noch mit der Schöpfung verbunden bist. Darum ist neben dem Seufzen der Schöpfung auch noch ein Seufzen bei dir selbst. Du erwartest und sehnst dich nach der Erlösung deines Leibes. Das wird geschehen, wenn der Herr Jesus wiederkommt, um uns zu entrücken und ins Vaterhaus zu bringen. Er wird dann deinen Leib der Niedrigkeit umgestalten zur Gleichförmigkeit mit seinem Leib der Herrlichkeit, wie Er ihn jetzt schon besitzt. So liest du das in Philipper 3,21. Im vorhergehenden Vers heißt es, dass wir den Herrn Jesus Christus als Heiland erwarten. Heiland bedeutet Erretter.

Du siehst hier also, dass der Herr Jesus nicht nur der Erretter für deine Sünden ist, sondern auch für deinen Leib. Ersteres ist geschehen, als der Heiland am Kreuz starb. Letzteres wird bei seinem Kommen geschehen. Lass dich darum nicht von Menschen verwirren, die sagen, man müsse nicht krank sein. Krankheit ist durch die Sünde in die Welt gekommen. Die Sünde ist zwar von Gott in Christus gerichtet worden, doch damit sind nicht alle Folgen der Sünde beseitigt, weder in der Schöpfung noch in deinem Leib. Gott benutzt die Krankheit, um dein Verlangen nach dem vollen Ergebnis des Werkes Christi lebendig zu erhalten. Wenn alles reibungslos läuft, vergisst du das so leicht.

Gott will, dass du in Hoffnung lebst, dass du auf die Zukunft ausgerichtet bist. Dann wird die Errettung vollkommen sein: Deine Seele und dein Leib können dann nicht mehr von den Folgen der Sünde angetastet werden. Jetzt ist die völlige Errettung noch nicht da. Wenn das so wäre, gäbe es nichts mehr zu hoffen. Obwohl du noch nicht gesehen hast, worauf du hoffst, weißt du doch sicher, dass es eintreffen wird. Aber weil du es noch nicht hast und noch warten musst, ist Ausharren erforderlich. Die Schwierigkeit ist, dass das Warten sich in die Länge ziehen kann. Es kann auch manchmal recht schwer werden, so dass du vieles nicht mehr begreifst.

Wie großartig ist es dann zu wissen, dass der Geist sich deiner Schwachheit annimmt. Du kannst Augenblicke oder vielleicht auch Zeiten erleben, wo du nicht weißt, wie du Gott das, was du empfindest, sagen sollst. Du kannst keine Worte dafür finden. Doch der Geist, der in dir wohnt, weiß das. Er macht sich eins mit deinem Empfinden in dieser Schöpfung, die unter dem Fluch liegt. Er sagt Gott das, was du nicht in Worte fassen kannst. Gott erforscht dein Herz und begegnet dort gleichsam dem Heiligen Geist. Was der Geist Gott dann sagt, kommt bei Gott nie verkehrt an. Der Geist weiß genau, wie Er Gott all deine Erfahrungen mitteilen muss. Wie gut ist doch Gott, dass Er uns so bei unseren Schwachheiten hilft.

*Lies nun noch einmal Römer 8,22-27. – Worauf hoffst du?*

# 28. Berufen nach Vorkenntnis Gottes

Nimm dir Ruhe und Zeit für **Römer 8,28-30**

Diesmal betrachten wir nur drei Verse. Da sie voller Segnungen sind, musst du sie ruhig lesen und auf dich einwirken lassen.

Wie Vers 22 beginnt auch dieser Abschnitt wieder mit den Worten „wir wissen" – im Gegensatz zu Vers 26. Dort stand, dass wir „nicht wissen", was wir bitten sollen. Wenn du in deinem Leib und in deinem Geist empfindest, wie sehr alles durch die Sünde in Mitleidenschaft gezogen ist, hat das ein Gefühl der Ohnmacht zur Folge. Dadurch könntest du niedergeschlagen werden. Und dann folgen die Worte, die eine große Ermunterung beinhalten: „Wir wissen aber". Das ist die Sprache des Glaubens. Wenn du siehst, dass alles um dich her vergeht und dein eigener Leib auch so zerbrechlich ist, darfst du wissen, dass denen, die Gott lieben, alle Dinge zum Guten mitwirken.

Was für ein großer Trost zu wissen, dass Gott über aller Vergänglichkeit steht. Er gebraucht sie sogar, um die Seinen dadurch reicher zu machen (in ihrem Glaubensleben wohlgemerkt). Ist es nicht auch deine eigene Erfahrung, dass etwas Schweres, das du erlebt hast, dich Gott näher gebracht hat? Beachte, dass es hier heißt: „denen, die Gott lieben". Man kann nicht so einfach sagen, dass uns alle Dinge zum Guten mitwirken. Das trifft nur für die zu, die Gott *lieben*. Deine Liebe zu Gott wird dafür sorgen, dass du nicht an Ihm zweifelst, auch wenn es in deinem Leben stürmisch zugeht.

Er lässt wirklich alle Dinge zu deinem Guten mitwirken. Da gibt es keine Ausnahme. Gilt das auch für Sünden, die du tust? Ja!

Diese Erfahrung hat Petrus gemacht. Er hat den Herrn dreimal verleugnet. Das bereute er und empfing Vergebung. Das Bereuen ist allerdings nötig! Aber dadurch hat er den Herrn Jesus mehr geliebt, als er merkte, dass sein Herr ihn nicht losließ. Er hat sich selbst und den Herrn besser kennen gelernt. Aber „alle Dinge" bezieht sich in erster Linie auf unser tägliches Leben. Alles, was sich da ereignen kann, lässt Gott zu unserem Guten mitwirken. Krankheit, Arbeitslosigkeit, Armut, Teil- oder Vollinvalidität, ein körperliches Gebrechen, ein Unglück, einen Sterbefall, all das benutzt Er, um dich von den Dingen um dich her zu lösen und deine Aufmerksamkeit und dein Verlangen auf die ewigen Dinge zu richten.

Wie real sind die ewigen Dinge für dich? Weißt du, dass Gott in der vergangenen Ewigkeit den Vorsatz hatte, dich zu berufen? Du warst noch lange nicht geboren, und doch dachte Gott bereits an dich. Er erkannte dich schon lange zuvor als jemanden, mit dem Er etwas Großartiges vorhatte. Denn es ist ja nichts Geringes, dass Er dich dem Bild seines Sohnes gleichförmig machen wollte! Das ist beinahe nicht zu glauben, aber Gott sagt es. Er hat es bereits erdacht, als noch nichts erschaffen war, als noch kein Mensch lebte und die Sünde noch nicht in der Welt war. Und was Gott erdenkt und sagt, das führt Er auch aus. Er ist imstande, Menschen, die nichts als arme, nichtige, aufständische, verlorene Geschöpfe sind, dem Bild seines Sohnes gleichförmig zu machen. Das bedeutet eine gewaltige Veränderung für sie. Diese Veränderung ist durch das Werk des Herrn Jesus bewirkt worden. Darum wird Er unter allen Menschen, die Ihm gleichen, den höchsten Platz der Ehre und des Ansehens einnehmen. Darum geht es Gott. Er möchte gern, dass sein Sohn der strahlende Mittelpunkt aller Erlösten ist, zu denen auch du dich rechnen darfst.

Durch diese Verse wird dir deutlich, dass Gott nach seinem eigenen Vorsatz wirkt. Von dem, was du als Sünder getan hast, wird in diesen Versen nicht gesprochen. Du darfst hier in das Herz Gottes schauen und sehen, dass Ihm nichts außer Kontrolle gerät, auch wenn es um dich her manchmal anders zu sein scheint. Er hat mit deinem Leben ein Ziel, und das wird Er auch erreichen. In Vers 30 siehst du, auf welche Weise Er dieses Ziel erreicht. Immer wieder siehst du, was Er getan hat. Er hatte dich bereits zu dem Ziel von Vers 29 bestimmt, als du noch nicht geboren warst. Nachdem du geboren wurdest, erwiesest du dich als ein Sünder, der an der Herrlichkeit Gottes nicht teilhaben konnte. Dann rief Gott dich zu sich, um dir deutlich zu machen, dass Er dich nicht verloren gehen lassen wollte, sondern dass Er einen Plan hatte, der auch dich einschloss. Aber so wie du warst, konnte Er diesen Plan nicht ausführen. Darum rechtfertigte Er dich. Was das bedeutet, hast du in den vorigen Kapiteln bereits gelesen: Du bist jemand, der Gott angehört, denn alles von dir, was nicht zu Gott passte, ist durch das Werk des Herrn Jesus weggetan. Stattdessen hast du neues Leben empfangen, das sich bei Gott zu Hause fühlt. Und um alles vollständig zu machen: Gott sieht dich als verherrlicht. Für Ihn ist das alles schon geschehen. Was Gott sich vornimmt, wird auch geschehen. Wenn Er dafür garantiert, kannst du dann noch an der Erfüllung zweifeln?

*Lies nun noch einmal Römer 8,28-30. – Danke Gott für seinen Vorsatz.*

# 29. Gott ist für dich!

Nimm dir Ruhe und Zeit für **Römer 8,31-39**

Du hast soeben einen mächtigen Schlussakkord gelesen. Paulus kam dazu, weil er unter dem Eindruck alles dessen stand, was Gott gewirkt hat.

Das hat er in den vorigen Kapiteln ausführlich dargestellt. Wenn du das alles noch einmal auf dich einwirken lässt, kannst du nicht anders, als zu dem Ausruf zu kommen: „Was sollen wir nun hierzu sagen?“ Gott selbst ist für uns. Vielleicht hast du daran schon einmal gezweifelt. Du wusstest, dass der Herr Jesus für deine Sünden gestorben war, so dass Gott dich nicht mehr strafen konnte. Das war an sich eine große Erleichterung. Trotzdem blieb eine gewisse Angst vor Gott als dem strengen Richter, der gegen dich war. Doch nun hast du gesehen, dass das Gegenteil der Fall ist. Gott selbst hat alles geordnet, indem Er seinen Sohn gegeben hat. Deutlicher konnte Er dir seine Liebe nicht beweisen. Er hat Ihn nicht verschont, damit Er dich verschonen könnte. Und das ist noch nicht alles.

Gott wird dir mit seinem Sohn auch alles schenken. Das ist alles, was Gott dem Herrn Jesus als Lohn für sein Werk gegeben hat; das wirst du mit Ihm teilen. Ist das nichts? Gibt es noch Menschen oder Engel, die dich beschuldigen könnten? Gott tritt für dich ein.

Du bist jemand, den Er auserwählt hat, einmal bei Ihm zu sein. Er ist es, der rechtfertigt. Er spricht dich frei, weil Er dich in Christus sieht. Darum kann dich auch niemand mehr verdammen, denn Christus ist für deine Sünden gestorben, ja noch mehr, Er ist auch zu deiner Rechtfertigung auferweckt worden. Christus ist jetzt im Himmel, und Gott hat Ihm einen Platz der Ehre zu seiner Rechten gegeben. Christus hat den Sieg errungen und die Belohnung empfangen, die Ihm zustand.

Aber das bedeutet nicht – mit Ehrfurcht gesagt –, dass Er dort sitzt, um sich auf seinen Lorbeeren auszuruhen. Er verwendet sich durch seine Fürbitte für die Seinen, die noch auf der Erde sind. Er spricht beständig mit Gott über dich, weil Er aus eigener Erfahrung weiß, wie schwierig das Leben in einer Welt ist, in der man sich um Gott und sein Wort nicht kümmert. Alles, was du mitmachst, kennt Er aus eigener Erfahrung. Er kann mit dir mitfühlen, denn Er hat nicht vergessen, was Er selbst erduldete, als Er auf der Erde lebte.

Wie groß deine Leiden auch sein mögen, nichts kann dich von der Liebe Christi scheiden. Gerade dann, wenn du bedrückt oder verfolgt wirst, ist seine Liebe umso mehr für dich da, weil du Ihm nachfolgen und den Willen Gottes tun willst. Seine Liebe macht dich fähig, durch alle Gefahren hindurchzugehen und zu überwinden. Du bist dann mehr als ein Überwinder. Du bist ein Überwinder, der alle Ehre dem gibt, der dich geliebt hat.

Du kannst mit absoluter Gewissheit sagen, dass es nichts gibt, was dich von der Liebe Gottes scheiden kann. Der Tod kann dich nicht von der Liebe Gottes scheiden, denn wenn du stirbst, gehst du sofort zu dem Herrn Jesus, durch den die Liebe Gottes zu dir gekommen ist. Auch das Leben kann dich nicht von der Liebe Gottes scheiden, denn alle Probleme, Mühen und Sorgen, die dir im Leben begegnen können, geben Gott Gelegenheit, dir seine Liebe zu zeigen.

Auch Engel können dich nicht von der Liebe Gottes scheiden. Der Teufel ist ein mächtiger Engelfürst, der sich gegen Gott auflehnte und dabei andere Engel mitzog. Diese sind immer darauf aus, dich von der Liebe Gottes zu scheiden. Doch sie sind besiegte Feinde. Der Herrn Jesus hat sie besiegt, und sie sind Ihm unterworfen. Für die Obrigkeiten oder Regierungen gilt dasselbe. Sie können es den Gläubigen sehr schwer machen, indem sie allerlei Gesetze erlassen, die die Gläubigen nicht befolgen können, weil diese Gesetze sie daran hindern würden, Gott zu dienen.

Auch allerlei Dinge, die um dich her geschehen oder noch geschehen werden, können dich nicht von der Liebe Gottes scheiden. Du hörst vielleicht von Naturkatastrophen oder von Kriegsgefahr. Es braucht dich nicht zu ängstigen. Die Liebe Gottes bleibt bei dir. Bei Gewalten kannst du an geistliche Mächte denken, die auf sehr listige Weise versuchen, deinen Glauben zu unterminieren, so dass dir Zweifel an der Wahrheit Gottes kommen. Die Liebe Gottes ist immer größer.

Lass dich auch nicht von den großen Leistungen des Menschen beeindrucken, der in seinem Hochmut auf allen Gebieten immer höher hinaus will. Die Liebe Gottes geht weit darüber hinaus. Christus Jesus, unser Herr, ist hinaufgestiegen über alle Himmel (Eph 4,10). Er hat dort als Sieger zur Rechten Gottes Platz genommen.

Kann dich ein tiefer Fall von der Liebe Gottes scheiden? Wie tief du auch fallen magst, auch da ist Gottes Liebe. Die Liebe Gottes in Christus Jesus, unserem Herrn, beugte sich zu dir nieder, einem elenden, gefallenen Geschöpf. Er ging noch tiefer hinab, bis in das Gericht über deine Sünden, das Christus mit aller Wucht traf, und Er legte Ihn in den Staub des Todes. Das tat Gott, um dich emporzuheben und dich an sein Vaterherz zu bringen.

Es gibt wirklich nichts und niemand, das bzw. der dich von dieser Liebe Gottes scheiden kann, die auf solch eine alles übertreffende Weise in Jesus Christus, unserem Herrn, für arme, verlorene Sünder sichtbar geworden ist. Nimm dir nun die Zeit, um Gott und dem Herrn Jesus zu danken und Ihn zu preisen. Er ist es wert, denn alles ist von Ihm ausgegangen.

*Lies nun noch einmal Römer 8,31-39. – Sing ein Lied des Sieges zur Ehre Gottes!*

# 30. Paulus' Liebe zu Israel und Israels Vorrechte

Nimm dir Ruhe und Zeit für **Römer 9,1-5**

Mit Kapitel 9 beginnt ein neues Thema in diesem Brief. Dieses neue Thema betrifft Israel.

Gott hat Israel viele Verheißungen gegeben. Nach allem, was du bisher in diesem Brief entdeckt hast, scheint es so, als ob davon nichts mehr erfüllt werden könnte. Denn du hast gesehen, dass vor Gott überhaupt kein Unterschied zwischen Juden und Heiden besteht. Sie sind alle gleichermaßen vor Gott schuldig und können alle nur durch den Glauben an Christus errettet und gerechtfertigt werden. Doch dann erhebt sich die Frage, wie es mit den Verheißungen aussieht, die Gott Israel gegeben hat. Werden sie in Zukunft noch erfüllt werden? Hat Israel noch einen besonderen Platz in den Gedanken Gottes?

Vielleicht weißt du noch nicht so viel über die Prophezeiungen, die Voraussagen, die im Alten Testament über Israel ausgesprochen worden sind. Dann sind die Kapitel 9 bis 11 dieses Briefes eine gute Gelegenheit, um dir einen Zugang dazu zu verschaffen. In diesen Kapiteln behandelt Paulus nämlich die Vergangenheit, die Gegenwart und die Zukunft Israels: in Kapitel 9 die Vergangenheit, in Kapitel 10 die Gegenwart und in Kapitel 11 die Zukunft. Wenn du das Geschehen in und um Israel ein wenig verfolgst, wirst du sehen, wie aktuell diese Kapitel für die heutige Zeit sind. Du siehst gleichsam, wie sich diese Kapitel vor deinen Augen erfüllen. Doch wir wollen uns zunächst die ersten fünf Verse etwas näher ansehen.

Es fällt sofort auf, was für eine innige Liebe Paulus zu seinem Volk hegte. Es ist daher völlig abwegig, wenn Menschen behaupten, für Paulus sei das Volk Israel erledigt gewesen. Es war sein tiefes Verlangen, dass gerade sie an der Gerechtigkeit aus Gott teilhätten. Wenn du die kräftige Sprache von Vers 1 auf dich wirken lässt, empfindest du, dass er kein Missverständnis hinsichtlich seiner Haltung zu Israel aufkommen lassen will. In Vers 2 erlaubt er dir einen Blick in die Gefühle seines Herzens. Das ist keine übertriebene Ausdrucksweise! Er drückt hier seine Gefühle aus, wie feurig er dieses Volk liebte, während das Volk Christus weiter abwies.

In Vers 3 liest du sogar, dass er gewünscht hatte, durch einen Fluch von Christus entfernt zu sein, wenn sie dadurch gerettet werden könnten. Das ist ein Strahl der göttlichen Liebe, die er zu diesem Volk in seinem Herzen hatte. Auch Mose hat einmal aus Liebe zu seinem Volk etwas Ähnliches gesagt (siehe 2. Mose 32,32). Doch sowohl Paulus als auch Mose waren sündige Menschen, und deshalb konnte Gott unmöglich ihren Wunsch erhören. Wir können aber von diesen beiden Gottesmännern lernen, dass ihre brennende Liebe zum Volk Gottes nicht nur ein bloßes Lippenbekenntnis war. Sie wollten sich selbst dafür aufopfern.

Paulus war durch natürliche Bande mit diesem Volk verbunden. Dem Fleisch nach (leiblich) waren sie seine Brüder. Er nennt sie Israeliten, entsprechend dem Namen, den Gott Jakob in 1. Mose 32,28 gegeben hatte. Anschließend zählt er acht Vorrechte auf, die Gott diesem Volk geschenkt hatte.

*Die Sohnschaft.* Gott hatte dieses Volk als Sohn angenommen. Ein Sprichwort sagt, dass ein guter Sohn seinem Vater gleicht. Gott wollte so gern, dass dieses Volk Ihm gleichen würde. Das wäre eine Freude für sein Herz gewesen.

*Die Herrlichkeit.* Gottes Herrlichkeit wohnte in der Wolkensäule bei seinem Volk. Damit beschützte Er sie, und dadurch leitete Er sie durch die Wüste.

*Die Bündnisse.* Ich will zwei nennen: Der Bund Gottes mit Abraham beinhaltete, dass Gott es übernahm (man könnte sagen: sich verpflichtete), Abraham zu segnen. Das war ein Bund, der an keine Voraussetzungen von Seiten Abrahams geknüpft war. Das kannst du in 1. Mose 15,4-6 nachlesen. Dann noch der Bund, den Gott mit dem Volk Israel am Berg Sinai geschlossen hatte. Das war ein Bund, bei dem sich das Volk selbst verpflichtete, bestimmte Anforderungen zu erfüllen. Wenn sie diese erfüllten, sollten sie den Segen Gottes empfangen. Du kannst das nachlesen in 5. Mose 27 und 28.

*Die Gesetzgebung.* Dadurch hatte Gott dem Volk gerechte Gesetze gegeben, um ihm das Leben so einfach wie möglich zu machen.

Der Dienst. Gott hatte ihnen Vorschriften über den gesamten Gottesdienst gegeben, damit sie wüssten, welche Opfer Er empfangen wollte und bei welchen Gelegenheiten sie gebracht werden sollten.

*Die Verheißungen.* Gott hatte Abraham, Isaak und Jakob Verheißungen im Blick auf Segnungen gegeben, die Er ihnen geben wollte.

*Die Väter.* Dies sind in erster Linie Abraham, Isaak und Jakob, denen Gott sich ganz besonders und persönlich mitgeteilt hat. Du kannst ferner noch an große Männer wie Mose, David usw. denken.

*Der Christus.* Das ist der absolute Höhepunkt aller genannten Vorrechte. Der Herr Jesus ist aus diesem Volk geboren. Paulus wacht jedoch über seine Ehre und fügt hinzu: „der über allem ist, Gott, gepriesen in Ewigkeit.“ Ein wichtiges Zeugnis über die Menschheit *und* die Gottheit des Herrn Jesus, die beide vollkommen und vollendet in seiner Person vereinigt sind. Um Ihn geht es letztlich in allem und für immer. Er sei gepriesen in Ewigkeit. Amen.

> *Lies nun noch einmal Römer 9,1-5. – Gibt es in deinem Leben auch jemanden, für den/die du alles tun würdest, damit er/sie gerettet wird? Bete noch einmal besonders dafür!*

# 31. Gottes Auserwählung Israels

Nimm dir Ruhe und Zeit für **Römer 9,6-13**

Gott wollte sein Volk Israel segnen. Dieser Segen konnte nur dann gegeben werden, wenn das Volk den Herrn Jesus annahm.

Denn Gott gibt niemandem irgendeinen Segen unabhängig von der Person des Herrn Jesus. Wenn Gott segnet, geschieht das immer in Verbindung mit Ihm. Nachdem das Volk Gottes den Herrn Jesus verworfen hat, stellt Gott seinen Segen auch den Heiden zur Verfügung. Es gibt nun keinen Unterschied mehr zwischen Juden und Heiden. Ist damit das Wort, das Gott über sein Volk gesprochen hat, hinfällig geworden? Wird nichts mehr davon in Erfüllung gehen? Nein, sagt Paulus, höre gut zu, das Wort Gottes ist nicht hinfällig geworden. Was Gott gesagt hat, wird Er auch erfüllen.

Aber du glaubst doch nicht, dass Gott seine Segnungen einem Volk gibt, das Ihm den Rücken zugekehrt hat? Das ist es, was Paulus mit dem zweiten Teil von Vers 6 meint. Jemand kann sich zwar als Israelit bezeichnen, weil er durch Geburt zu diesem Volk gehört (so wie auch wir uns Deutsche nennen, weil wir von deutschen Eltern abstammen), doch das reicht nicht aus. Es muss noch etwas hinzukommen; es muss auch eine Sache des Herzens sein. Für die Mehrheit der Israeliten war die Zugehörigkeit zu diesem Volk nur etwas Äußeres, ein Name. Das, sagt Paulus, ist nicht Israel, auch wenn jemand als Israelit geboren ist.

In Vers 7 wird in Verbindung mit dem Stammvater Abraham dasselbe gesagt. Nicht jeder Nachkomme Abrahams wird ein „Kind Abrahams" genannt. Wäre das so gewesen, müsste auch Ismael so gesehen werden und Anteil an dem Segen haben. Aber Gott hatte bestimmt, dass der Segen auf der Linie Isaak ruhen sollte.

Ismael ist der Sohn nach dem Fleisch. Abraham hatte diesen Sohn mit Hagar gezeugt, der Magd seiner Frau Sara. Er vertraute zu dieser Zeit nicht auf Gott, denn Gott hatte ihm einen Sohn verheißen, der von Sara geboren werden sollte. Sara brachte daher auch zu Gottes Zeit den Sohn der Verheißung, Isaak, zur Welt. Wenn es um den Segen geht, den Gott geben will, muss also eine Verbindung mit Abraham durch seinen Sohn Isaak gegeben sein, denn „die Kinder der Verheißung werden als Same gerechnet."

Wir finden jedoch ein noch deutlicheres Bild der Auserwählung Gottes. Bei Abraham ging es noch um den Sohn einer Magd. Dies ist bei Isaak nicht der Fall. Isaak hatte ja zwei Söhne von derselben Frau, Rebekka, bekommen. Als diese beiden Söhne (Jakob und Esau) noch im Mutterleib waren, hatte Gott schon bestimmt, wie ihr Verhältnis zueinander sein sollte: „Der Größere wird dem Kleineren dienen."

Wie sie sich zueinander verhalten würden, darüber war damals überhaupt noch nichts bekannt. Als Gott diesen Vorsatz aussprach, hatten sie noch nichts Gutes oder Böses getan. Unabhängig von ihrem Verhalten und ihren Werken hatte Gott also die Auserwählung Jakobs, des Jüngeren, bestimmt. Er hatte Jakob dazu auserwählt, den Segen zu empfangen. Jakob hatte den Vorrang vor Esau. So hatte Gott es schon *vor* der Geburt dieser beiden Jungen bestimmt. Damit ist noch nichts Nachteiliges über Esau gesagt. Das musst du gut verstehen, denn du wirst ohne Zweifel Menschen begegnen, die dich glauben machen wollen, dass Gott auch Menschen zur ewigen Verdammnis zuvorbestimmt hat. Im Lauf dieses Kapitels wirst du feststellen, dass davon gar keine Rede ist.

Solche Menschen führen als Beweis Vers 13 unseres Kapitels an. Sie sagen: Da steht es doch: „Jakob habe ich geliebt, aber Esau habe ich gehasst." Sicher steht das dort, aber es geht noch etwas voraus: „wie geschrieben steht". Wo steht das denn geschrieben? Du findest es ganz am Ende des Alten Testaments, im Buch Maleachi. Es steht am Ende einer langen Geschichte, in der die Nachkommen Jakobs und Esaus zeigen konnten, was in ihnen war. Die echten Nachkommen Jakobs haben im Lauf der Zeit ihre Schwachheiten gezeigt, aber auch ihr Verlangen nach dem Segen Gottes. So ist es auch im Leben von Jakob selbst zum Ausdruck gekommen. *Deshalb* sagt Gott: „Jakob habe ich geliebt." Die Nachkommen Esaus hingegen haben im Lauf der Zeit gezeigt, dass sie auf den Segen Gottes überhaupt keinen Wert legten. In Hebräer 12,16.17 wird Esau als ein Ungöttlicher bezeichnet, der für eine Mahlzeit sein Erstgeburtsrecht verkaufte. Er wurde verworfen, weil er keinen Raum für die Buße hatte. Diesen Charakterzug findest du auch bei seinen Nachkommen wieder. Und *deshalb* sagt Gott: „Esau habe ich gehasst."

Gott will in diesen Versen zeigen, dass Er bereits bei der Entstehung des Volkes Israel entsprechend seiner eigenen Auserwählung gehandelt hat. Sein Segen fließt bestimmten Menschen zu, nicht weil diese Menschen ihn verdient hätten, sondern weil Er sie dazu auserwählt hat. Alles geht von dem „Berufenden" aus. Es ist wichtig für dich zu sehen, dass Gott bereits in der Vergangenheit auf diese Weise gehandelt hat. Ebenso handelt Gott auch jetzt. Denn wenn Gott entsprechend seiner eigenen Auserwählung handelt, braucht Er sich nicht auf Israel zu beschränken, sondern Er kann seine Auserwählung auch auf die Nationen ausdehnen. Du bist der lebendige Beweis dafür. Obwohl du (höchstwahrscheinlich) nicht zu seinem irdischen Volk gehörst und auch zugeben musst, dass du es nicht verdient hast, hat Gott dich auserwählt, den Segen zu empfangen.

Zu diesem Thema folgt noch mehr, doch wenn du diesen Abschnitt ein wenig verstanden hast, wird du Gott mehr bewundern.

*Lies nun noch einmal Römer 9,6-13. – Lass es auf dich wirken, dass Gott dich auserwählt hat. Was ist deine Reaktion?*

# 32. Gott ist souverän

Nimm dir Ruhe und Zeit für **Römer 9,14-18**

Durch die Beispiele im vorigen Abschnitt ist sehr deutlich geworden, dass Gott nach seiner Auserwählung handelt. Das ruft sogleich Widerstand hervor.

Diesen Widerstand kannst du vielleicht bei dir selbst spüren, ungefähr so: Es ist doch unehrlich und ungerecht, dass Gott so mit den Menschen umgeht. Der Grund dafür, dass wir so etwas sagen oder denken können, liegt darin, dass wir zu sehr den Menschen in den Mittelpunkt unseres Denkens stellen und nicht Gott. Paulus schneidet derartige Gedankengänge sofort mit den Worten „Das sei ferne!" ab.

Um dieses „Das sei ferne!" zu erklären, führt er zwei andere Beispiele aus dem Alten Testament an. Sie dienen dazu, uns zu zeigen, dass Gott nach seinem eigenen Willen handelt. Gott hat, wie man das manchmal nennt, einen souveränen Willen. Er ist der Einzige, der nach seinem eigenen Gutdünken handeln kann und darf, ohne einem Menschen darüber Rechenschaft ablegen zu müssen. Das bedeutet jedoch nicht, dass Gott willkürlich handeln würde. Er ist kein launenhafter Herrscher, der unbeherrscht Entschlüsse fasst und ausführt. Was Gott tut, könnte Er jederzeit jedem gegenüber verteidigen. Doch wenn wir Menschen meinen, Gott beurteilen zu können, maßen wir uns eine Haltung an, die uns nicht geziemt. Dann sind wir nicht in der Lage, das Tun Gottes zu verstehen. Wenn wir etwas von dem Tun Gottes verstehen wollen, müssen wir eine andere Haltung einnehmen. Wir müssen damit beginnen anzuerkennen, dass Er Gott ist, der das Recht hat zu tun, was Er für richtig erachtet. Wir müssen auch anerkennen, das wir nur nichtige Menschen sind, Geschöpfe, die völlig von ihrem Schöpfer abhängig sind.

In dieser Haltung können wir etwas davon verstehen, was Gott zu Mose sagt: „Ich werde begnadigen, wen ich begnadigen will, und ich werde mich erbarmen, wessen ich mich erbarme." Das scheint auf den ersten Blick die Ungerechtigkeit und Willkür Gottes zu bestätigen. Nun, wenn du dem einmal nachgehst, *weshalb* Gott das zu Mose sagt, was der Anlass dazu ist, dann wirst du schnell anders darüber denken. Was war geschehen? Weil Mose so lange weg blieb, hatte das Volk ein goldenes Kalb gemacht und sich davor niedergebeugt. Das war reiner Götzendienst! Und das durch das gesamte Volk! Das bedeutete, dass Gott das ganze Volk hätte richten müssen. Doch aufgrund der Fürbitte Mose erzeigte Er Gnade und Erbarmen. *So* gnädig und barmherzig ist Gott, dass Er nicht das ganze Volk vor seinem Angesicht wegfegt, sondern eine Anzahl begnadigt und sich darüber erbarmt. Diese Begebenheit macht deutlich, dass es nicht um das Tun oder Lassen des Menschen geht („also liegt es nun nicht an dem Wollenden noch an dem Laufenden"), sondern um den begnadigenden Gott.

Nach diesem Beispiel für die Barmherzigkeit Gottes folgt jetzt ein Beispiel für das Gericht Gottes. Vers 17 beginnt mit den Worten: „Denn die Schrift sagt zum Pharao." Wenn du dieses Zitat in 2. Mose 9 aufschlägst, wirst du sehen, dass es Gott selbst ist, der dies zum Pharao sagt. Wenn es nun hier in Römer 9 heißt, dass „die Schrift" es sagt, so bedeutet das, dass Gott und die Schrift *ein* und dasselbe sind. (Nebenbei bemerkt: Hiermit wird dick unterstrichen, wie überaus wichtig es ist, die Bibel zu kennen und damit zu wissen, was Gott gesagt hat. Mache deshalb das Wort Gottes zu deinem Eigentum. Dann wirst du Gott kennen lernen und vor Irrtum bewahrt bleiben.) Gott hat den Pharao mit einem zweifachen Ziel erweckt: Gott wollte an ihm seine Macht erweisen, und Er wollte seinen Namen auf der ganzen Erde verkündigen. Dafür gebrauchte Gott den Pharao. Denke nun aber nicht, dass der Pharao ein willenloses Werkzeug gewesen wäre. Der Pharao blieb Gott gegenüber für seine Haltung und sein ganzes Handeln völlig verantwortlich. Erst nachdem er mehrere Male sein eigenes Herz verhärtet hatte, verhärtete Gott sein Herz. Erst danach gebrauchte Gott ihn als ein Beispiel für das Gericht, das Er über Menschen bringen muss, die sich Ihm widersetzen. Gott begnadigt, wen Er will (z. B. einige von Israel, obwohl ganz Israel das Gericht verdient hatte), und Er verhärtet, wen Er will (z. B. den Pharao, der ebenfalls das Gericht verdient hatte).

Du könntest noch fragen: Wie verhält es sich denn mit dem „Erwecken“? Bedeutet es, dass Gott den Pharao zu diesem Zweck ins Leben rief? Nein! „Erwecken“ bedeutet hier, dass Gott die Geschichte des Lebens dieses Mannes so gelenkt hat, dass der Pharao zeigen musste, was für Gott in seinem Herzen war. Es war eindeutig die Geschichte der Auflehnung gegen Gott. Er zeigte auch, dass er in keiner Weise bereit war, die Warnungen zu beachten, die Gott durch die verschiedenen Plagen gab, die das Land trafen. Der folgende Abschnitt beschäftigt sich noch weiter mit diesem Thema.

*Lies nun noch einmal Römer 9,14-18. – Findest auch du, dass Gott manchmal ungerecht ist? Wie gehst du damit um?*

# 33. Gefäße des Zorns und Gefäße der Barmherzigkeit

Nimm dir Ruhe und Zeit für **Römer 9,19-23**

Weißt du, was uns so oft im Weg steht? Unsere menschliche Logik, unser natürlicher, verfinsterter Verstand.

Wir argumentieren folgendermaßen: „Gott hat aus der Gesamtheit aller Menschen eine Anzahl auserwählt, um sie zu segnen. Alle anderen Menschen werden also nicht gesegnet und sind somit von Gott dazu bestimmt, verloren zu gehen. Wenn das so ist, welchen Vorwurf kann Gott dann noch machen? Wer kann seinem Willen widerstehen? Von Geburt an liegt doch alles bereits fest, oder? Welcher Mensch kann daran noch etwas ändern?" Derartige Argumentationen zeigen, dass wir uns anmaßen, Gott zu beurteilen. Ich wiederhole, was ich schon früher gesagt habe: Das Erste, wovon wir durchdrungen sein müssen, ist die Tatsache, dass Gott in seinem Handeln souverän ist. Er bestimmt alles, ohne dass Er es nötig hätte, dem Menschen gegenüber Rechenschaft abzulegen.

Gott beurteilt und verurteilt den Menschen, nicht umgekehrt. Das Recht zu richten steht Ihm und Ihm allein zu, nicht dem Menschen. Paulus will uns einschärfen, dass Gott die Macht hat, alles zu tun, ohne dass der Mensch irgendein Einspruchsrecht hat. Gott besitzt die absolute Macht und das absolute Recht, seinen Willen zur Ausführung zu bringen. Welches Recht haben wir, Gott zur Verantwortung zu ziehen und Ihn zu fragen, warum Er uns *so* gemacht hat und nicht anders?

Die Souveränität Gottes wird mit der eines Töpfers verglichen. Dieser hat ja auch die Macht, aus derselben Masse Lehm sowohl ein schönes Gefäß als auch ein hässliches zu machen. Noch einmal: Der Nachdruck liegt hier auf Gottes Souveränität. Das bedeutet aber nicht, dass Gott auch so gehandelt hätte.

Wie Er wirklich gehandelt hat, zeigt Paulus in den folgenden Versen. Um das zu verstehen, musst du die Verse 22 und 23 miteinander vergleichen. Da findest du zwei Arten von Gefäßen: Gefäße des Zorns (Vers 22) und Gefäße der Barmherzigkeit (Vers 23). Nun achte einmal gut darauf, wie über diese Gefäße gesprochen wird. Von den Gefäßen des Zorns heißt es:

a) Gott wollte an ihnen seinen Zorn erweisen und seine Macht kundtun;
b) Er hat sie mit viel Langmut ertragen;
c) sie sind zum Verderben zubereitet.

Die größte Schwierigkeit bereitet Punkt c). Wer hat diese Gefäße zum Verderben zubereitet? Hat Gott das getan? Wenn du das behauptest, machst du Gott zum Urheber des Bösen, so als ob Er wirklich Menschen zu Handlungen veranlassen würde, die das Verderben nach sich ziehen. Was Gott betrifft, so lesen wir hier gerade von seiner Langmut. Welchen Sinn hätte es, über Gottes Langmut zu sprechen, wenn Er damit beschäftigt wäre, diese Gefäße zum Verderben zuzubereiten? In 2. Petrus 3,9 lesen wir, dass es die Langmut Gottes ist, die das Gericht hinausschiebt. Nein, es sind die Gefäße selbst, die sich zum Verderben zubereiten. (Du verstehst, dass mit „Gefäßen" Menschen gemeint sind.) Ein Beispiel für ein solches Gefäß, das sich selbst zum Verderben zubereitet hat, ist der Pharao, wie du das in Vers 17 gesehen hast.

Von den Gefäßen der Barmherzigkeit lesen wir Folgendes:

a) Gott wollte an ihnen den Reichtum seiner Herrlichkeit kundtun;
b) Er hat sie zur Herrlichkeit zuvorbereitet.

Hier zeigt sich der große Unterschied zu den Gefäßen des Zorns: *Gott* (und nicht die Gefäße selbst) bereitet sie zur Herrlichkeit zu. Und auch: Gott hat es im Voraus getan (und es nicht von ihrem Verhalten in diesem Leben abhängig gemacht).

In diesen beiden Arten von Gefäßen wird uns also Folgendes gezeigt: auf der einen Seite die Verantwortlichkeit des Menschen und auf der anderen Seite die Ratschlüsse, die Pläne, die Vorsätze Gottes. Diese beiden Seiten derselben Wahrheit finden wir überall in der Bibel. Wir Menschen können sie nicht miteinander verbinden. Das kann nur Gott. Man hat sie manchmal mit den beiden Schienen eines Gleiskörpers verglichen. Diese laufen immer parallel zueinander weiter. Wenn du in die Ferne schaust, sieht es so aus, als ob sie dort zusammenlaufen würden. Genauso laufen die beiden Linien der Verantwortlichkeit des Menschen und der Ratschlüsse Gottes in der Bibel nebeneinander her. Am Kreuz sehen wir diese beiden Linien gleichsam zusammentreffen. Hierzu steht in Apostelgeschichte 2,22.23, dass der Herr Jesus

1. nach dem bestimmten Ratschluss und nach Vorkenntnis Gottes hingegeben wurde (Gott hat es so gewollt) und

2. von den Juden durch die Hand von Gesetzlosen aus Kreuz geschlagen und umgebracht wurde (das hat der Mensch getan, und dafür wird er verantwortlich gemacht).

Wer kann diese beiden Seiten des Kreuzes miteinander verbinden als nur Gott allein?

Versuche nicht, dieses Unbegreifliche zu begreifen. Das ist uns Menschen nicht gegeben. Danke Ihm einfach dafür, dass du die beiden Seiten dieser Wahrheit sehen darfst. Es ist wichtig, dass du immer mehr deine Verantwortung als Geschöpf gegenüber Gott siehst. Du wirst das dann auch in der Praxis deines Lebens beachten. Auch die Tatsache, dass du immer mehr Verständnis über die Pläne und Vorsätze Gottes bekommst, sollte ihre Auswirkung auf dein Leben nicht verfehlen. Auf diese Weise wird dein Leben ein sehr reiches Leben. Was Gott von dir erwartet, mag manchmal schwierig sein, doch wenn du seine Pläne und Absichten erkennst, wird dich das motivieren, Ihn in deinem Leben mehr zu ehren.

*Lies nun noch einmal Römer 9,19-23. – Denk einmal über die Größe Gottes nach.*

# 34. Die Nationen und Israel

Nimm dir Ruhe und Zeit für **Römer 9,24-33**

Der Ausgangspunkt des Handelns Gottes wird deutlich angegeben. Er ist Gott und hat das Recht, nach seinem Gutdünken zu handeln.

Gott ist souverän, auch wenn es um das Erweisen seiner Barmherzigkeit geht. Gott ist nicht verpflichtet, seine Barmherzigkeit auf die Juden zu beschränken. Er hat das Recht, auch Menschen aus den Nationen, den Heiden, also den Nichtjuden, zu berufen. Eigentlich sieht man das schon im Alten Testament. Paulus führt einige Beispiele aus Hosea und Jesaja an. Daraus geht hervor, dass Gott bereits damals seine uneingeschränkte Gnade Nichtjuden zuteil werden ließ.

Das erste Zitat steht in Vers 25 und ist Hosea 2,22 entnommen. Dort geht es um das Volk Israel. Da sie ihre völlige Untreue gegen Gott und ihre Unbußfertigkeit bewiesen hatten, musste Gott sie „Nicht-mein-Volk“ und „Nicht-Geliebte“ nennen. Gott anerkannte die Verbindung mit seinem Volk nicht mehr. Nun wendet Paulus diesen Vers aus Hosea so an, dass er sagt: Gott wird Israel wieder „mein Volk“ und „Geliebte“ nennen. Das kann nichts anderes bedeuten, als dass es aus dem Volk Israel solche geben wird, die sich zu Gott bekehren und an den Herrn Jesus glauben werden. Sie sind dann das Volk, das Gott als „mein Volk“ anerkennt. Vielleicht kann das sogar auf die Nationen um Israel herum angewandt werden. Diese waren schon immer „Nicht-mein-Volk“ und „Nicht-Geliebte“, denn Gott hatte mit ihnen nie eine besondere Verbindung. Doch wenn es auch aus den Heidenvölkern Menschen gibt, die sich zu Gott bekehren und den Herrn Jesus als Heiland und Herrn annehmen, dürfen auch sie sich zu diesem „mein Volk“ rechnen.

Das Zitat aus Hosea 1,10 handelt jedenfalls eindeutig von der Berufung der Heiden. Da ist von „Söhnen [Kindern] des lebendigen Gottes" die Rede. Das ist ein typischer Ausdruck für die Beziehung zu Gott, in die die Christen gebracht sind. Mit Juden und Heiden konnte Gott keinen Umgang mehr haben. Zu beiden Gruppen war gesagt worden: „Ihr seid nicht mein Volk." Für die Juden galt das, seitdem Gott infolge ihrer Untreue die Verbindung mit ihnen abbrechen musste. Die Gefangenschaft war das traurige Ergebnis. Für die Heiden hatte dies schon immer gegolten. Gott hatte sie ihre eigenen Wege gehen lassen. Paulus, der Apostel der Nationen, führt diesen Vers nun als Beweis dafür an, dass alle, die Gott aus Juden und Heiden berufen hat, jetzt von Ihm „Söhne [Kinder] des lebendigen Gottes" genannt werden.

Auch der Prophet Jesaja hat Aussprüche getan, mit denen Paulus seine Darstellung der souveränen Gnade Gottes untermauern kann. Wie zahlreich Israel auch war – hätte die Gerechtigkeit Gottes ihren Lauf genommen, hätten alle gerichtet werden müssen. Es wäre nichts übrig geblieben. Doch Gottes uneingeschränkte Gnade hat die Errettung eines Überrests vorgesehen. Die Sache, die Gott auf der Erde vollenden wird (V. 28), ist das gerechte Gericht, das das ungläubige Volk Israel treffen wird. Das wird erst nach der Entrückung der Versammlung stattfinden. Dass es dennoch einen Überrest geben wird, ist Gott selbst, dem Herrn Zebaoth, zu verdanken. Obwohl es so scheint, als würden sich seine Pläne nicht erfüllen, wird Er doch der Herr eines großen Volkes sein, das aus diesem Überrest entstehen wird. Dies alles ist der Tatsache zu verdanken, dass der Herr Jesus für diesen Überrest der Gerechtigkeit Gottes Genüge getan hat. Das wird der Überrest erkennen. Davon sprechen andere Propheten.

Der Schlussfolgerung begegnen wir in Vers 30 und den folgenden Versen. Die Nationen haben die Gerechtigkeit aus Glauben erlangt. In früheren Kapiteln dieses Briefes hast du bereits gesehen, dass der Glaube das einzige Mittel ist, um vor Gott gerechtfertigt zu werden. Israel, das seine eigene Gerechtigkeit vor Gott zu erlangen suchte, versagte darin. Warum? Weil sie meinten, dass Gott ihnen seine Gerechtigkeit aufgrund des Haltens des Gesetzes geben würde. Doch als Christus kam, haben sie sich an Ihm gestoßen. Er machte offenbar, dass für sie das Halten des Gesetzes nur dazu diente, sich selbst zu erhöhen. Sein Kommen „nach Zion" (also zu Israel) und sein Auftreten unter ihnen brachte ihre böse Gesinnung ans Licht. Das konnten sie nicht ertragen, und deshalb haben sie Ihn verworfen. Sie haben sich an Ihm gestoßen und sind dadurch zu Fall gekommen. Somit haben sie den Segen verwirkt.

Das Kapitel endet mit dem nochmaligen Hinweis, dass das Herz Gottes jedem (ohne Unterschied zwischen Juden und Heiden) nachgeht. Die einzige Bedingung, um das zu erlangen, was Gott geben will, ist der Glaube. Wer an Ihn glaubt, wird nicht zuschanden werden.

*Lies nun noch einmal Römer 9,24-33. – Warum ist es wichtig, auch das Alte Testament kennen zu lernen?*

# 35. Christus ist das Ende des Gesetzes

Nimm dir Ruhe und Zeit für **Römer 10,1-4**

Paulus hat in Kapitel 9 deutlich gemacht, dass Gott sich in der Vergangenheit als ein souveräner Gott kundgetan hat.

Er gibt Heiden den Zugang zum Segen. Auch ein Überrest aus dem Volk Israel empfängt den Segen, weil Gott ein Gott der Gnade ist. Das Volk als Ganzes ist von Gott verworfen. Der Grund dafür wird in Kapitel 10 angegeben. Doch ich will dich schon gleich darauf aufmerksam machen, dass es in Kapitel 11 heißt, dass diese Verwerfung nicht endgültig ist. Es ist auch nicht so, dass Paulus sich über die Verwerfung freut und gleichsam sagt: Richtig so, sie hätten eben besser hören sollen. Nein, der erste Vers zeigt uns schon, worauf sein Herz und sein Gebet zu Gott gerichtet waren: auf ihre Errettung. Auch das ist wieder ein Beweis für seine innige Verbundenheit mit diesem Volk.

Er übersah nicht das Gute, das sich bei ihnen fand, nämlich der Eifer, den sie für Gott hatten. In Galater 1,13.14 findest du, wie das vor seiner Bekehrung auch bei ihm der Fall war. Eifer für Gott ist gut, aber er muss mit Erkenntnis verbunden sein. Das ist auch für dich wichtig. Wenn du den Herrn gerade erst kennst, will dir das noch nicht einleuchten. Du willst ein Zeugnis sein! Das ist eine gute Sache. Doch wenn du dich nur von deiner Begeisterung leiten lässt, ohne die Erkenntnis des Willens Gottes, ist es leicht möglich, dass du Scherben machst. Ich sage das nicht, um dich bei deinen Aktivitäten zu entmutigen. Es gibt sehr viel zu tun. Ich hoffe von Herzen, dass du viel Arbeit siehst, die du für den Herrn tun kannst, und dass du sie fleißig tust. Doch beim Herrn gehen Belehrung und Tun Hand in Hand. Sorge dafür, dass du Verständnis über den Willen des Herrn erlangst. Was du gerade liest, kann dir dabei helfen.

Zurück nach Römer 10. Für den Fall Israels können zwei Gründe genannt werden. Erstens erkannten sie die Gerechtigkeit Gottes nicht. Das bedeutet, dass sie das gerechte Handeln Gottes außer Acht ließen. Du weißt, dass genau das der große Gegenstand dieses Briefes ist. Um zu verstehen, was damit gemeint ist, musst du den Herrn Jesus und sein Werk am Kreuz betrachten. Dort siehst du das gerechte Handeln Gottes. Nur durch den Herrn Jesus ist es möglich, die Gerechtigkeit Gottes zu erlangen. Israel hat den Herrn Jesus verworfen. Stattdessen (und das ist der zweite Grund für ihren Fall) haben sie danach getrachtet (und tun es jetzt noch), ihre eigene Gerechtigkeit aufzurichten. So gehen sie an der Tatsache vorbei, dass niemand in der Lage ist, so zu leben, dass Gott ihn oder sie für gerecht erklären kann. Auch heutzutage sind viele Menschen bemüht, ihre eigene Gerechtigkeit aufzurichten. Das sind Menschen, die sagen, dass es von ihnen aus nicht nötig gewesen wäre, dass Christus gestorben ist. Auch sie unterwerfen sich nicht der Gerechtigkeit Gottes. Sie meinen, dass Gott sie werde annehmen müssen, weil sie, wie sie ruhig behaupten, niemals etwas Verkehrtes getan hätten.

Gott urteilt anders. Für Ihn gibt es nur *eine* Gerechtigkeit, die gilt, und das ist Christus. Christus und das Gesetz, Christus und die eigenen Werke, Christus und die eigene Gerechtigkeit schließen einander vollständig aus.

Mit dem Kommen Christi auf die Erde ist zugleich das Ende des Gesetzes als Mittel zur Rechtfertigung gekommen. Gott kann seine Gerechtigkeit jetzt nur noch denen geben, die im Glauben anerkennen, dass sie Christus nötig haben. Für solche ist das Gesetz zu Ende, denn es hat sein Ziel erreicht, sobald jemand anerkennt, dass es unmöglich ist, durch das Gesetz gerechtfertigt zu werden. Wer von seinen eigenen Bemühungen absieht und im Glauben auf das schaut, was Christus getan hat, unterwirft sich der Gerechtigkeit Gottes. Gott weist jeden Menschen auf Christus hin als die einzige Möglichkeit, mit Ihm in Verbindung zu kommen. Wie großartig ist es, das sehen zu dürfen. Lasst uns all die Menschen, die meinen, so anerkennenswert zu leben, dass Gott mit ihnen durchaus zufrieden sein müsste, auf Christus hinweisen. Jeder Mensch, der sich mit Ihm vergleicht, wird beschämt erkennen müssen, dass sein Leben nicht mit seinem verglichen werden kann. Vor allem wird er beschämt erkennen müssen, dass der Tod und die Auferstehung Christi nötig waren, damit er gerettet werden konnte. Das wird in den folgenden Versen behandelt.

*Lies nun noch einmal Römer 10,1-4. – Wie steht es mit deinem Eifer für Gott?*

# 36. Mit dem Herzen glauben und mit dem Mund bekennen

Nimm dir Ruhe und Zeit für **Römer 10,5-11**

In 3. Mose 18,5 hat der HERR bereits zu Mose gesagt, dass man das Leben nur durch Gehorsam dem Gesetz gegenüber erlangen könne.

Gott deutet damit an, dass sich jemand durch das Halten des Gesetzes seine eigene Gerechtigkeit verdienen kann. Aber du weißt inzwischen, dass es niemanden (kein Geschöpf) gab, der das Gesetz gehalten hat.

Es besteht jedoch eine andere Möglichkeit, gerechtfertigt zu werden, nämlich durch den Glauben. Dann ist allerdings von einer eigenen Gerechtigkeit keine Rede mehr. Wenn es um den Glauben geht, ist ja gerade jede eigene Bemühung, in den Himmel zu kommen, ausgeschlossen. Paulus drückt das am Ende von Vers 6 sogar so stark aus, dass eigene Bemühungen, in den Himmel zu kommen, eine Leugnung der Himmelfahrt Christi sind. Es wäre dasselbe, als wenn man sagen würde: „Lass Ihn ruhig wieder herabkommen. Sein Werk war für mich nicht nötig, denn ich werde es aus eigener Kraft schaffen." Und das, wo sein Werk doch gerade so nötig war, um dir die Gerechtigkeit Gottes zu geben. Als Beweis dafür, dass Gott sein Werk völlig angenommen hat, ist Er in den Himmel aufgefahren. Dann wirst du doch nicht in deinem Herzen sagen: „Wer wird in den Himmel hinaufsteigen?" In dem Wort „hinaufsteigen" liegt der Gedanke, den Himmel aus eigener Kraft zu erreichen. Solange jemand das denkt, schmälert er das Werk Christi, und Christus wird wieder herabgeholt.

Sage auch nicht in deinem Herzen: „Wer wird in den Abgrund hinabsteigen?" Das bedeutet, dass du auch nicht in den Abgrund hinabsteigen musst, um in einer Art Bußübung deine eigene Schuld zu tilgen. Auch das wäre unmöglich! Wer könnte je in die Tiefen des Elends hinabsteigen, in die Christus hinabstieg? Wer das dennoch versucht, lässt Christus gleichsam aus den Toten heraufkommen, weil es überflüssig war, dass er starb; so jemand meint, selbst für seine Schuld büßen zu können.

Doch wenn du an das gerechte Handeln Gottes glaubst, weißt du, dass Gott dir in Christus sehr nahe gekommen ist. Du brauchst nicht zu Ihm zu gehen, Er ist zu dir gekommen. Er ist dir so nahe gekommen, dass Er sein Wort in deinen Mund und in dein Herz gelegt hat. Du bist errettet worden, weil dir das Wort des Glaubens gepredigt worden ist. Der Inhalt der Predigt ist: Jesus mit deinem Mund als Herrn bekennen und mit deinem Herzen glauben, dass Gott Ihn aus den Toten auferweckt hat. Wenn du das glaubst, weißt du, dass Gott nichts mehr gegen dich hat. Er ist nicht mehr gegen dich – im Gegenteil, Er ist jetzt für dich.

Die Reihenfolge ist sehr bemerkenswert: zuerst dein Mund und dann dein Herz. Der Mund wird zuerst genannt, weil dein Glaube für andere nur durch das wahrnehmbar ist, was man von dir hört und sieht. Du kannst nicht von jemandem sagen, dass er/sie errettet ist, wenn in seinem/ihrem Reden und Verhalten nichts davon wahrzunehmen ist. Es geht darum, Jesus als Herrn zu bekennen. Es ist nicht möglich, Jesus nur als Heiland, als Erlöser von deinen Sünden anzunehmen. Es hat einen Augenblick in deinem Leben gegeben, wo du erkannt hast, dass du dich selbst nicht retten und vor Gott nicht bestehen konntest, weil du in allem versagt hattest. Du versagtest in allem, weil du einem anderen Meister, dem Teufel, gehorchtest. Dann hat Gott dir gezeigt, dass Er den Herrn Jesus für deine Sünden in den Tod gegeben hat. Der Herr Jesus hat dich damals von der Sündenlast befreit, die du selbst nicht tragen konntest. Dafür bist du Ihm doch überaus dankbar, oder?

Du bist nun sein Eigentum. Ich hoffe, dass auch andere an dir sehen können, dass der Herr Jesus dein Herr ist. Natürlich kommt es auf das Herz an. Damit glaubst du zur Gerechtigkeit. Aber es muss auch nach außen hin sichtbar sein, denn mit dem Mund bekennst du zum Heil. Vielleicht empfindest du, dass dein Bekenntnis sehr ärmlich ist, dass es zumindest etwas besser sein könnte. Das mag so sein. Ich möchte es auch oft besser tun können. Doch halte daran fest, was die Schrift sagt: „Jeder, der an Ihn glaubt, wird nicht zuschanden werden." Glauben hat mit Vertrauen zu tun. Du hast zu deiner Errettung im Glauben auf Gott vertraut und nicht mehr auf dich selbst. Dasselbe Glaubensvertrauen gibt dir Kraft zum Zeugnis, weil es sich nicht auf dich selbst, sondern auf Gott richtet. Durch das Lesen der Bibel lernst du Gott und den Herrn Jesus besser kennen. Dadurch wird dein Glaubensvertrauen zunehmen. Je mehr du dich mit der Schrift beschäftigst, desto mehr wird das auch in deiner Praxis, in Wort und Tat, zu sehen sein.

*Lies nun noch einmal Römer 10,5-11. – Wie ist bei dir dieses Verhältnis zwischen dem Mund und dem Herzen?*

# 37. Liebliche Füße

Nimm dir Ruhe und Zeit für **Römer 10,12-15**

In Kapitel 3,22 hast du gelesen, dass es durch die Sünde keinen Unterschied mehr zwischen Juden und Griechen (= Heiden) gab (und gibt).

Jeder Mensch ist ein Sünder und daher vor Gott schuldig. Nun liest du hier, dass derselbe Herr reich ist für alle, die Ihn anrufen – ob er nun ein Jude oder ein Grieche ist.

Es wird dir aufgefallen sein, dass Paulus immer Texte aus dem Alten Testament anführt, um das, was er gesagt hat, zu untermauern. Er tut das, um zu beweisen, dass Gott nicht nur der Gott der Juden ist, sondern auch der Heiden. Du als Heide darfst nun selbst aus eigener Erfahrung wissen, dass Er ein Herr ist, der reich an Gnade ist und der sich auch über dich als armen Sünder erbarmt hat! Er ist kein hartherziger Herr, der dich außerhalb des Bereichs der Gnade halten wollte. Wenn in den Versen 11-13 „jeder" steht, lässt das keine Einschränkung zu. Es gibt allerdings eine Bedingung: in Vers 11 „glauben" und in Vers 13 „den Namen des Herrn anrufen." Um errettet zu werden, musstest du den Namen des Herrn anrufen. Das bedeutet, Ihm Ehre zu erweisen, Ihn anzubeten. Du stimmst mir sicher zu, dass du Ihm vor deiner Bekehrung nicht die Ehre gegeben hast, die Ihm zustand. Früher waren dir andere Dinge sehr wichtig, in denen du voll aufgingst: Sport, Studium, Karriere, Geld oder dein Äußeres, also dein Aussehen. Vielleicht warst du sogar auch noch religiös.

Wie dem auch sei, es machte dich alles nicht glücklich und bot dir keine Aussicht auf Errettung. Darum hast du schließlich den Namen des Herrn angerufen, um errettet zu werden. Als du das tatest, ehrtest du Ihn zum ersten Mal wirklich. Er will in erster Linie dein Erretter sein. Genau das ist es, was der Name Jesus bedeutet: „Der HERR ist Erretter." Vers 13 ist ein Zitat aus dem Alten Testament, aus Joel 2,32. Ist es nicht erstaunlich, dass der, der im Alten Testament „der HERR" genannt wird, derselbe ist, der im Neuen Testament den Namen Jesus empfängt? Der Herr Jesus ist also der HERR des Alten Testaments, der jedoch im Neuen Testament als Mensch zu seinem Volk kommt. Zweifellos gab es nur in Ihm Errettung für die Juden. Doch wie stand es nun mit uns, die wir zu den Heiden gehörten? Er war nicht zu uns gekommen, wir kannten Ihn nicht und glaubten nicht an Ihn. Wie konnten wir Ihn dann anrufen? Dennoch waren auch wir verloren und mussten gerettet werden. Doch um gerettet zu werden, mussten wir an Ihn glauben. Dann musste uns auch von Ihm gesagt werden. Und wie hätten wir von Ihm hören können, wenn niemand Ihn gepredigt hätte?

Hier siehst du wieder, dass es nicht um das Halten des Gesetzes geht, sondern um das Predigen und darum, darauf zu hören. Zum Predigen muss jemand gesandt sein. Diese Sendung geschieht nicht durch irgendeine Kirche oder Missionsgesellschaft, sondern durch den Herrn selbst. Er ist der Auftraggeber. Und ist es nicht ein großartiger Dienst, für den auch du einen Auftrag bekommen hast? Es ist ein Dienst, der darin besteht, Frieden zu verkündigen, das Gute zu verkündigen. Wer sich dazu auf den Weg macht, hat „liebliche Füße", im Gegensatz zu früher, als es Füße waren, die schnell waren, Blut zu vergießen (Röm 3,15). Das Zitat mit den „lieblichen Füßen" stammt aus Jesaja 52,7. Wenn du den Vers dort liest, siehst du, dass es dort um einen Freudenboten geht, also um *eine* Person. Damit kann niemand anders gemeint sein als der Herr Jesus. Ist es nicht ein ermunternder Gedanke, dass du bei der Verkündigung des Friedens und des Guten sein Nachfolger sein darfst? Du darfst in einer Welt voller Unfrieden, in einer Welt, in der das Böse herrscht, ein Bote des Friedens und des Guten sein. Es gibt so viele Menschen um dich her, die auf diese Botschaft warten. Willst du sie in ihrem Elend sitzen lassen oder willst du zu ihnen gehen, um ihnen von diesem reichen Herrn zu erzählen?

*Lies nun noch einmal Römer 10,12-15. – Mit wem hast du zuletzt über den Herrn Jesus gesprochen?*

# 38. Die Verkündigung abgelehnt

Nimm dir Ruhe und Zeit für **Römer 10,16-21**

Vielleicht haben dich die vorigen Verse sehr angesprochen. Mit frischem Mut willst du heute daran gehen, Frieden und das Gute zu verkündigen.

Du willst begeistert erzählen, was der Herr an dir getan hat und wie glücklich du jetzt bist. Du siehst es schon vor dir: Es kann gar nicht anders sein, als dass andere davon beeindruckt werden und sich zum Herrn bekehren.

Doch da gibt es eine herbe Enttäuschung. Die von dir erwarteten und so sehr erhofften Ergebnisse bleiben aus. Anstatt sich aufgrund deines Zeugnisses zu bekehren, wendet man sich gegen dich. Jesaja kann dazu ebenfalls etwas sagen. Er hat viel über den Messias gesprochen, der zu seinem Volk kommen sollte. Aber wer hat seiner Predigt geglaubt? Stand das Volk scharenweise bereit, den verheißenen Messias zu erwarten? Du weißt es besser! Und warum nahmen sie Ihn nicht an? Weil Er nicht ihren Erwartungen entsprach. Sie empfanden es als störend, dass Er als Kind in einer Krippe kam. Wenn es jemand gewesen wäre, der in großer Macht und Herrlichkeit erschienen wäre, ja, dann hätten sie Ihn wohl angenommen. Aber nun? Weg mit Ihm! Der Herr Jesus wurde verworfen und kehrte zum Himmel zurück. Du kannst Ihn jetzt nicht sehen. Wer mit Ihm in Verbindung kommen will, muss glauben, und das muss durch die Verkündigung zum Ausdruck kommen. Die Verkündigung muss das Wort Gottes zum Inhalt haben. Nur dadurch erkennt ein Mensch sich selbst und entdeckt, wer Gott ist und was Er getan hat, um ihn zu retten.

Doch nun eine Frage: Als das Wort Gottes noch nicht durch die Verkündigung zu den Heiden kam, hat Gott da nicht zu ihnen gesprochen? Doch! Paulus zitiert Psalm 19. Darin besingt David die Ehre Gottes und das Werk seiner Hände, wie es in der Schöpfung sichtbar ist. Das von der Schöpfung ausgehende Zeugnis Gottes beschränkt sich nicht auf Israel, sondern kann in der ganzen Welt wahrgenommen werden. Hier finden wir einen Beweis dafür, dass Gott auch im Alten Testament eine Verkündigung für die Heiden hatte, so dass sie Ihn kennen und an Ihn glauben konnten.

Nun noch eine Frage: Hätte Israel wissen können, dass Gott sich auch den Heiden kundtun wollte, oder ist es Israel nicht zu verübeln, dass sie Mühe damit hatten, dass Gott auch die Heiden segnen wollte? In Vers 19 kommt zuerst einmal Mose zu Wort. Mose war ihr großer Führer, vor dem sie großen Respekt hatten. Gerade er hat ihnen ihre Untreue vorgestellt und auch davon gesprochen, dass Gott sich wegen ihrer Untreue einem anderen „Volk" zuwenden würde. Dadurch wollte Er ihre Eifersucht wekken, damit sie wieder zu Ihm zurückkehrt.

Auch Jesaja wird zitiert. Paulus schreibt: „Jesaja aber erkühnt sich und spricht", als ob es ein Wagnis für Jesaja gewesen wäre. Das war es auch! Es war natürlich ein direkter Angriff auf ihren nationalen Stolz als Volk Gottes, als sie zu hören bekamen, dass Gott sich nach einem anderen Volk umsah.

Der letzte Vers unseres Kapitels redet am eindringlichsten. Hier spricht Gott selbst. Man empfindet den Schmerz seines Herzens, wenn man liest, was Er zu seinem Volk sagen muss. Man sieht Gott mit ausgestreckten Händen dastehen, um sein Volk an sein Herz zu drücken. Diese Haltung nimmt Gott nicht nur für einen Augenblick ein, sondern den ganzen Tag, d. h. während der ganzen Zeit, in der Er sich um sein Volk bemüht. Gibt es etwas, das noch mehr verletzt, als so abgelehnt zu werden? Gott hat von seiner Seite aus alles getan, um sein Volk segnen.

Die einzige Antwort seines Volkes war jedoch Ungehorsam und Widerspruch. Sie haben sich von Ihm abgewandt. Das Volk hat seine Verbindung mit Gott abgebrochen. Darum hat Gott es beiseite setzen müssen, doch glücklicherweise nicht für immer. In Kapitel 11 bricht ein „neuer Tag" für das Volk an.

> *Lies nun noch einmal Römer 10,16-21. – Was empfindest du, wenn dein Zeugnis abgelehnt wird?*

# 39. Ein Überrest nach Auswahl der Gnade

Nimm dir Ruhe und Zeit für **Römer 11,1-6**

Nach alledem, was vorausgegangen ist, könntest du dich fragen, ob Gott sein Volk verstoßen hat. Wie bei früheren Fragen gibt Paulus auch hier die deutliche Antwort: „Das sei ferne!"

Dabei kann er auf sich selbst hinweisen. Ist er nicht ein Israelit? Er gehört zur Nachkommenschaft Abrahams, dem Gott seine Verheißungen gegeben hat. Außerdem ist er vom Stamm Benjamin. Dieser Stamm wäre beinahe aus Israel verschwunden, von den anderen Stämmen ausgerottet, weil sie die Sünde nicht richten wollten. Das kannst du in Richter 19 bis 21 nachlesen. Wenn Gott sein Volk verstoßen hätte, wäre auch für Paulus kein Platz mehr gewesen. Nein, Gott hat sein Volk nicht in der Gesamtheit verstoßen. Gott kannte sein Volk bereits im Voraus und wusste, wie es sich verhalten würde. Die Untreue des Volkes war für Gott keine Überraschung. Sie gab Ihm geradezu eine Gelegenheit, auf sehr deutliche Weise seine Gnade zu erzeigen.

Um das zu veranschaulichen, verweist Paulus auf das, was die Schrift in der Geschichte Elias sagt. (Du solltest diese ergreifende Geschichte in 1. Könige 18 und 19 einmal durchlesen.) Kurz zusammengefasst finden wir dort, wie Elia sich auf dem Karmel als Held erwiesen hatte, als er dort gegen die vielen falschen Propheten für Gott, den HERRN, gezeugt hatte, die behaupteten, dass Baal der wahre Gott sei. Das Volk sah dem Geschehen aus einiger Entfernung zu. Elia errang dort einen großen Sieg für den HERRN, und das Volk jauchzte: „Der HERR ist Gott." Als Isebel ihn jedoch kurze Zeit später mit dem Tod bedrohte, floh er um sein Leben. Völlig mutlos erreichte er den Berg Gottes, den Horeb. Und dort beginnt der Mann Gottes, das Volk Israel anzuklagen. Er sagt

Gott all die Missetaten, die sie begangen haben. Er ist der einzig Treue. Und jetzt wollen sie ihn auch noch töten. Ist das kein Grund, das Volk bei Gott anzuklagen?

Erkennst du dich selbst hierin auch ein wenig wieder? Vielleicht (noch) nicht, ich dagegen schon. Es ist großartig, für den Herrn zu leben und Erfolge zu erzielen wie Elia auf dem Karmel. Du hörst das Jauchzen des Volkes. Es gilt zwar nicht dir (sondern dem Herrn), aber es ist doch durch dich bewirkt worden. Wunderbar! Kurz danach wirst du bedroht, verspottet, ausgelacht und läufst weg. Niemand tritt für dich ein. Wie einsam fühlst du dich! Im Stich gelassen! „Nun", sagst du zu Gott, „das kann ja heiter werden. Mir reicht es jetzt. Ich bin der Einzige, der dir treu dient. Die anderen sind alle zu bequem, und jetzt versuchen sie auch noch, mich mundtot zu machen."

Du denkst, dass Gott mit alledem völlig einverstanden ist. Du sprichst ja nur von Tatsachen. Doch höre auf die göttliche Antwort: „Ich habe mir übrig bleiben lassen". Diese Antwort sitzt. Gott hat immer viel mehr Menschen, die Ihm treu geblieben sind, als du und ich überblicken können. Im Fall Elias waren es noch 7000, eine vollkommene Zahl. Hast du es gut gelesen, wie es da steht? „Ich habe mir", d. h. Gott hat selbst dafür gesorgt.

Ich habe die Geschichte Elias hier einmal persönlich auf dich und mich angewandt. In Römer 11 wird sie jedoch angeführt, um zu zeigen, dass es vom Volk Israel immer einen Überrest nach Auswahl der Gnade gibt, auch wenn wir ihn nicht sehen. Gott beweist damit, dass selbst unter dem Gericht, das Er über Israel ausüben muss, die Verwerfung Israels nicht vollständig ist. Damit kein Missverständnis aufkommt: Wenn ein Überrest erhalten bleibt, so geschieht das aufgrund der Gnade, nicht aufgrund von Werken, d. h. irgendwelchen Verdiensten seitens des Überrestes.

Noch kurz zur Anklage Elias: Weißt du, dass dies das einzige Mal ist, dass die Sünde eines Gläubigen des Alten Testaments im Neuen Testament erwähnt wird? Wir brauchen deshalb nicht auf Elia herabzusehen. Er bleibt ein glänzendes Vorbild für Glaubensmut. Er hat es ja als Einzelner gegen die Menge der Baalspriester aufgenommen, während von den 7000 nicht einer zu entdecken war. Doch sobald er sich etwas auf seine Treue einbildet und andere bei Gott anklagt, wird er von Gott zurechtgewiesen.

Das Anklagen ist eine Sünde, die wir alle sehr leicht begehen; doch es ist ein Werk Satans. Er wird in Offenbarung 12,10 „der Verkläger der Brüder" genannt. Wenn wir Untreue bei unseren Geschwistern feststellen, lasst uns lieber das tun, was der Herr Jesus tut: Er ist der Sachwalter, der für die Seinen zu Gott geht, um Ihn zu bitten, ihnen zu helfen, damit sie wieder treu werden.

*Lies nun noch einmal Römer 11,1-6. – Prüfe dich selbst, ob du in deinen Gebeten Geschwister anklagst oder für sie betest.*

# 40. Israels Fall und Annahme

Nimm dir Ruhe und Zeit für **Römer 11,7-15**

Wenn Gott sich einen Überrest auswählt, so geschieht das aus Gnade, nicht weil der Überrest etwas verdient hätte. So ist es doch auch dir ergangen, nicht wahr?

Israel hat zwar danach getrachtet, eine eigene Gerechtigkeit vor Gott zu erlangen; das ist ihnen jedoch wegen ihres Versagens nicht gelungen. Gott hat den Auserwählten diese Gerechtigkeit geschenkt. Die Übrigen sind verhärtet worden. Gott verhärtet erst dann, wenn es gar keine Möglichkeit mehr gibt, jemanden noch zur Umkehr zu bringen. Paulus führt drei Beispiele für Verhärtung aus dem Alten Testament an. Er zitiert Texte aus den Propheten (Jesaja), aus dem Gesetz (5. Buch Mose) und aus den Psalmen.

In Jesaja und 5. Mose ist es Gott selbst, der dieses Gericht der Verhärtung ausübt, indem Er einen Geist der Betäubung sendet. Gottes Geduld hat ein Ende. In Psalm 69 bittet David um das Gericht über Israel, weil sie den Messias, den Herrn Jesus, verworfen haben. Solche Bitten gehören nicht in unseren Mund. Wir leben in der Gnadenzeit, und wir dürfen Gott bitten, unseren Feinden zu vergeben. So hat der Herr Jesus es am Kreuz getan: „Vater, vergib ihnen, denn sie wissen nicht, was sie tun." Dadurch kann nun dem größten Sünder Gnade angeboten werden. Paulus selbst ist ein großes Beispiel dafür. Er sagt, dass ihm, dem größten Sünder, Barmherzigkeit zuteil geworden ist (1. Tim 1,13-16). Auch dem Überrest nach Auswahl der Gnade ist aufgrund der Fürbitte des Herrn am Kreuz Gnade erwiesen worden. Aber die Übrigen werden unter das Gericht fallen, das Gott über sie bringen muss, weil sie den Herrn Jesus getötet haben.

In Verbindung mit seinem irdischen Volk (im Alten Testament und bald, wenn die Versammlung entrückt sein wird) ist es so, dass die Gläubigen Gott bitten, das Böse zu bestrafen. Und Gott wird das tun. Er ist ein Gott des Rechts, der seinen Auserwählten Recht verschaffen wird. Wenn bald in der großen Drangsal (die Versammlung ist dann bereits entrückt, du und ich werden dann also im Himmel sein) der gläubige Überrest schrecklich verfolgt wird und viele von ihnen getötet werden, wird der Herr Jesus auf die Erde zurückkommen, um die Gläubigen zu erlösen. Er wird das tun, indem Er ihre Verfolger richtet. Aus vielen Psalmen geht hervor, was in dieser schrecklichen Zeit in den Gläubigen vorgeht. Du liest da von ihrem Verlangen, gerettet zu werden: Sie erflehen von Gott Rettung, die dadurch zustande kommt, dass Gott ihre Feinde richtet. Das ist es im Grunde, was David hier tut.

Vielleicht fragst du dich, ob all das über Israel gekommen ist, um sie zu Fall zu bringen. Auch hier wird wieder jeder Grund für einen solchen Gedanken durch die Aussage „Das sei ferne!" weggenommen. Sie sind nicht gestrauchelt, um verworfen zu werden. Doch Gott hat, da sie beiseite gesetzt werden mussten, das Heil den Nationen angeboten. Er hat das mit der Absicht getan, Israel zur Eifersucht zu reizen. Du darfst hier Eifersucht nicht mit Missgunst gleichsetzen, als ob Israel den Nationen das angebotene Heil nicht gönnen sollte, sondern in dem Sinn, dass Israel ebenfalls nach diesem Heil verlangen sollte, das den Nationen angeboten wurde. Es ist gut, sich bewusst zu machen, dass uns dieser Reichtum als Folge der Übertretung Israels zugute gekommen ist. Das Heil ist uns also nicht angeboten worden, weil wir in irgendeiner Hinsicht besser gewesen wären.

Wenn durch Israels Übertretung und Untreue, also durch etwas Negatives ein solcher Reichtum zu der Welt und den Nationen gekommen ist, was für ein Segen für die Welt und die Nationen muss dann erst aus der Tatsache hervorgehen, dass Israel wieder bekehrt und wiederhergestellt werden wird. Dann wird ein gewaltiger Segen von diesem Volk ausgehen, an dem die ganze Welt und alle Völker teilhaben werden. So wird es im 1000-jährigen Friedensreich sein.

Obwohl Paulus der Apostel der Nationen ist, bleibt er doch mit Herz und Seele mit seinem Volk verbunden. Er hat einen Blick für ihren heutigen Zustand der Verhärtung, aber auch für ihre zukünftige Wiederherstellung. Die Berufung zu seinem Dienst ist eng mit diesem Volk verbunden. Wenn er hier von „einigen" spricht, heißt das, dass er nicht daran denkt, das ganze Volk zur Bekehrung führen zu können. Er betrachtet es sogar als eine Verherrlichung seines Dienstes, wenn er durch das Evangelium einige aus diesem Volk erretten könnte. Diese „Einzelnen", die jetzt aus dem Volk Israel zur Bekehrung kommen, bilden in dieser Zeit den Überrest nach Auswahl der Gnade.

*Lies nun noch einmal Römer 11,7-14. – Wie stehst du zu Israel?*

# 41. Gottes Zeugnis auf der Erde

Nimm dir Ruhe und Zeit für **Römer 11,15-17**

Die Verwerfung Israels bedeutete, dass die Versöhnung der Welt, den Nationen, angeboten werden konnte.

In 2. Korinther 5,19 steht, dass Gott in Christus die Welt mit sich selbst versöhnte. Das heißt nicht, dass die ganze Welt auch wirklich mit Gott versöhnt ist. Es gilt nur für die, die erkannt haben, dass es für sie nötig war, dass Christus das Werk der Versöhnung vollbrachte.

So etwas wie „Allversöhnung" gibt es nicht. Allversöhnung heißt, dass jeder, selbst der Teufel und seine Engel, errettet wird. Man sagt dann, dass Gott doch ein Gott der Liebe sei. Doch lass dir in dieser Hinsicht nichts weismachen! Die Bibel spricht sehr deutlich von einem ewigen Gericht, z. B. in Offenbarung 20,11-15. In unserem Vers geht es um den Platz, den einerseits Israel und andererseits die Welt Gott gegenüber einnehmen. Um Israel als Nation bemüht Gott sich derzeit nicht öffentlich. Wenn Israel als Volk wieder angenommen sein wird (und das *wird* geschehen), so wird das nichts anderes sein als Leben aus den Toten. Eine lebendige Beschreibung dieser Ereignisse findest du in Hesekiel 37,1-14.

Gott will ein Volk auf der Erde haben, das Zeugnis von Ihm ablegt und seine Tugenden verkündigt. In der Vergangenheit hat Israel darin versagt, ein Zeugnis von dem einen wahren Gott abzulegen, und es ist bis heute nicht dazu imstande. Dieses Zeugnis soll in unserer Zeit von der Christenheit abgelegt werden. Doch ist sie treuer darin?

Der Abschnitt, der jetzt in Römer 11 ab Vers 16 folgt, ist sehr wichtig. Er soll dir helfen, etwas davon zu verstehen, wie Gott jetzt und in Zukunft mit Israel handelt und auch wie Gott mit der Christenheit handelt. Gott erwartete sowohl von Israel als auch von der Christenheit, dass sie Ihn in dieser Welt bezeugen sollten. Was daraus geworden ist, zeigt Paulus durch das Bild des Ölbaumes und seiner Zweige. Er geht dabei wie folgt vor: In Vers 16 liest du zuerst von einem Erstling und der Masse. Erstlinge sind die ersten Früchte der Ernte. Sie sind heilig, d. h. abgesondert für den HERRN. Aus diesen Erstlingen, z. B. vom ersten Weizenertrag, wird Teig hergestellt. Dieser Teig war ebenfalls heilig. Derselbe Gedanke trifft auch auf die Wurzel und die Zweige eines Baumes zu. Diese beiden Beispiele von Erstlingen/Teig und Wurzel/Zweigen wollen uns also zeigen, dass, wenn der Ursprung heilig ist, auch alles heilig ist, was aus diesem Ursprung hervorgeht.

Anschließend ist von einem wilden Ölbaum die Rede, von dem Zweige ausgebrochen werden, die dann in einen (edlen, Vers 24) Ölbaum eingepfropft werden. Auf diese Weise erhalten die Zweige des wilden Ölbaums Anteil an der Wurzel und der Fettigkeit des (edlen) Ölbaums. Auch von dem edlen Ölbaum sind Zweige ausgebrochen worden. Das geschah, um für die Zweige, die von dem wilden Ölbaum ausgebrochen worden sind, Platz zu machen. Nun musst du versuchen zu verstehen, was Paulus mit dieser Bildersprache meint. Dass es Bildersprache ist, wird deutlich, wenn man sieht, wie er zu den Zweigen wie zu Personen spricht und auch die Zweige selbst sprechen lässt. Sie stellen also Personen vor. Wir kehren nun kurz zu Vers 16 zurück. Die Wurzel ist, wie gesagt, ein Hinweis auf den Ursprung, aus dem etwas hervorwächst und auf der Erde sichtbar wird.

In Vers 17 entsteht daher folgendes Bild: Einige Zweige (= der ungläubige Teil des Volkes Israel) sind ausgebrochen worden (= von Gott beiseite gesetzt). Andere Zweige (= ein gläubiger Überrest) bleiben erhalten. An die Stelle der ausgebrochenen Zweige sind Zweige des wilden Ölbaumes (= Gläubige aus den Heiden) eingepfropft worden. Dadurch haben diese Heiden (die vorher kein Recht auf irgendetwas hatten) an der Wurzel und der Fettigkeit des Ölbaumes Anteil erlangt (= Anteil an den Verheißungen und Segnungen, die Abraham und seinen Nachkommen zugesagt waren).

Bevor ich diesen Abschnitt beende, musst du dir noch Folgendes gut einprägen: Es geht in diesem Abschnitt um das Zeugnis Gottes auf der Erde und wie Gott das beurteilt. Sowohl Israel als auch die Christenheit sind verantwortlich dafür, wie sie dieses Zeugnis von Gott ablegen. Gott hat Israel nicht als seinen Zeugen gebrauchen können. Die Christenheit folgte Israel als Zeugnis Gottes auf der Erde. Doch machen es die Christen besser als Israel? Das werden wir im folgenden Abschnitt sehen.

*Lies nun noch einmal Römer 11,15-17. – Auf welche Weise kannst du die Tugenden Gottes verkündigen? Siehe 1. Petrus 2,9.*

# 42. Hochmut kommt vor dem Fall

Nimm dir Ruhe und Zeit für **Römer 11,18-22**

Wir Christen sind nun die Träger des Zeugnisses, das Gott von sich selbst in dieser Welt geben will. Israel hat beim Ablegen dieses Zeugnisses versagt und ist deshalb beiseite gesetzt worden.

Es besteht die Gefahr, dass wir Christen uns des Platzes rühmen, den Gott uns gegeben hat. Wir glauben dann, besser zu sein als Israel. Nun, wer nur ein wenig das Zeugnis kennt, das die Christen in dieser Welt ablegen, wird sich davor hüten, sich zu rühmen. Denk nur an Nordirland und den Libanon. Hinzu kommt noch, dass uns Gott in seiner Gnade dieses Zeugnis anstelle von Israel anvertraut hat. Nur auf diese Weise sind wir Teilhaber der Segnungen geworden, die Gott seinem Volk geben wollte. Wir, von Natur Heiden, hatten auf nichts ein Anrecht. Bedenke, dass nicht wir die Wurzel tragen, sondern die Wurzel trägt uns. (Wenn du vergessen hast, was diese Bildersprache bedeutet, so lies noch einmal den letzten Abschnitt.)

Jetzt könnte jemand sagen: Alles gut und schön, aber es ist doch so, dass das ungläubige Israel von Gott beiseite gesetzt ist und wir an seine Stelle gekommen sind. In der Tat! Doch bedenke die Ursache, weshalb Israel beiseite gesetzt wurde. Sie haben diesen Platz wegen ihres Unglaubens verloren. Sie haben Gott und seinen Sohn verworfen und nicht auf Ihn gehört.

Wir sind nicht an ihre Stelle getreten, weil wir besser waren. Damit wir diesen Platz behalten können, müssen wir durch den Glauben stehen. Glaube bedeutet hier die Glaubenswahrheit, nicht unser persönliches Glaubensvertrauen. Es geht nicht darum, *dass* wir glauben, sondern *was* wir glauben. Um ein Zeugnis Gottes in dieser Welt sein zu können, muss die Christenheit ungeschmälert an der Bibel festhalten. Darin finden wir die Glaubenswahrheit.

Paulus warnt uns, nicht hochmütig zu sein. Die Christenheit als Ganzes sollte nicht denken, dass Gott sie verschonen wird. Wenn sie Ihn nicht fürchten, wird sie das gleiche Schicksal ereilen, das Israel ereilt hat. Aus anderen Bibelstellen ist deutlich zu erkennen, dass die Christenheit als Ganzes ebenfalls untreu werden und von Gott abgehauen werden wird.

Die Entwicklung zunehmender Untreue ist bereits jetzt sichtbar. In vielen großen Kirchen werden Lehren über die Person und das Werk des Herrn Jesus verkündigt, die nicht in Übereinstimmung mit der Bibel sind. Das Christentum wird immer mehr als eine Religion dargestellt, die anderen Weltreligionen gleichwertig ist. Dadurch wird der große Unterschied zwischen den anderen Religionen und dem Christentum verwischt.

Bietet das Christentum nicht als einzige Religion die Lösung für die Frage, wie ein verlorener Mensch mit Gott ins Reine kommen kann? Das kann nur durch den Herrn Jesus geschehen, der gesagt hat: „Ich bin der Weg und die Wahrheit und das Leben. Niemand kommt zum Vater als nur durch mich" (Joh 14,6). Das schließt jede andere Möglichkeit aus. Der Herr Jesus ist nicht eine Möglichkeit neben anderen.

Auch wird das Christentum von vielen benutzt, um politische Ziele zu erreichen. Das Zeugnis darüber, wer Gott ist und wer der Herr Jesus ist, kommt dadurch abhanden. Der Mensch ist hier auf der Erde, um Gott zu dienen. Die Christen haben durch die Bibel Anweisungen empfangen, wie das geschehen soll. Nur durch den Glauben an Christus und sein vollbrachtes Werk kann das geschehen.

Doch der Glaube wird immer weiter ausgehöhlt. Sehr viele Glaubenswahrheiten hat die Christenheit bereits preisgegeben, und noch mehr werden folgen, bis der völlige Abfall vom christlichen Glauben das Endergebnis sein wird. Die Christenheit bleibt nicht durch den Glauben stehen. Das ist es, was uns das Wort Gottes lehrt.

Wird es dann mit dir und mir auch schlecht enden? Damit über diese Frage keine Unklarheit entsteht, werde ich im nächsten Abschnitt etwas dazu sagen.

*Lies nun noch einmal Römer 11,18-22. – Was bedeutet der Ausdruck in Vers 20: „Sei nicht hochmütig, sondern fürchte dich"?*

# 43. Die Gnadengaben und die Berufungen Gottes sind unbereubar

Nimm dir Ruhe und Zeit für **Römer 11,23-29**

Ich habe den vorigen Abschnitt mit der Frage beendet, ob man aus Römer 11,22 den Schluss ziehen kann, dass es mit dir und mir doch noch schlecht enden kann, obwohl wir doch an den Herrn Jesus glauben.

In Johannes 10,28.29 findest du die Antwort darauf. Wer einmal ein Kind Gottes geworden ist, bleibt es in Ewigkeit. Allerdings kannst du dich einmal so verhalten, wie man es von einem Kind Gottes nicht erwarten würde. Das hat mit deiner eigenen, persönlichen Verantwortung zu tun. Wenn du als Kind Gottes sündigst, musst du das bekennen.

Es geht in unserem Abschnitt um die Verantwortung des christlichen Zeugnisses als Ganzes hier auf der Erde, das an die Stelle Israels gesetzt worden ist. Und dieses Zeugnis als Ganzes kann Gott, wenn es untreu ist, ebenso wenig gebrauchen, wie Er Israel gebrauchen konnte. Auch in Israel gab es Menschen, die eine persönliche Beziehung zu Gott hatten. Doch im Allgemeinen war es ein Volk, das nicht mehr nach Gott fragte. So ist es auch mit der Christenheit. Eine Anzahl von denen, die sich Christen nennen, haben aufgrund eines persönlichen Glaubens ein Verhältnis zu Gott. Doch im Allgemeinen hat die Christenheit den persönlichen Glauben durch menschliche Vorstellungen ersetzt. Nach Gottes Gedanken wird nicht mehr gefragt. Man orientiert sich nicht mehr an der Bibel. Deshalb kann Gott die Christenheit als Ganzes bald nicht mehr als sein Zeugnis auf der Erde anerkennen, sondern muss sie richten. Du musst daher einen Unterschied machen zwischen der eigenen, persönlichen Verantwortung gegenüber Gott und dem, was Gott von der Christenheit als Ganzes erwartet. Ich hoffe, dass dies ein wenig verdeutlicht, worin der Unterschied liegt.

Nun weiter mit Vers 23. Dort sagt Paulus, dass Israel wieder den Platz des Zeugnisses Gottes auf der Erde einnehmen wird. Es geht hier um ein Geheimnis. Ein Geheimnis ist etwas, das in früheren Zeiten, in der Zeit des Alten Testaments, nicht bekannt war und jetzt bekannt gemacht wird. Das Geheimnis hier betrifft die Verwerfung und Wiederannahme Israels, wobei Gott in der Zeitspanne zwischen der Verwerfung und der Wiederannahme ein anderes Volk für seinen Namen annehmen würde. Dies war im Alten Testament nicht bekannt. Um nun nicht weise in deinen eigenen Augen zu sein, musst du daran denken, dass die Verhärtung oder Verblendung, die über Israel gekommen ist, nicht über ganz Israel gekommen ist, sondern nur über einen Teil. Dieser Teil umfasst zwar die große Masse der ungläubigen Israeliten, aber es gibt doch Raum für einen Überrest, von dem wir bereits früher gelesen haben. Nun, dieser Überrest wird das „ganze Israel" bilden, das errettet werden wird. Die gottlosen, ungläubigen Israeliten werden alle durch das Gericht umgekommen sein. Was übrig bleibt, ist dann „ganz Israel".

Mit diesem „neuen" Israel knüpft Gott wieder an, nachdem „die Vollzahl der Nationen eingegangen ist". Dieser Ausdruck bedeutet, dass das christliche Zeugnis auf der Erde die Zeit seines Zeugnisses erfüllt und sein Ende erreicht hat. Gott hat es abhauen müssen (Vers 22), weil es nicht an seiner Güte geblieben ist. Danach wird Gott sich dem Volk Israel wieder in seiner Liebe zuwenden. Der Erretter kommt aus Zion, um sein Volk von ihren Feinden, die sie vernichten wollen, zu befreien. Wie das alles geschehen wird, lesen wir in vielen Prophezeiungen des Alten Testaments.

Nach der Vernichtung ihrer Feinde wird der Erretter die Gottlosigkeiten von seinem Volk wegnehmen. Sie werden Gewissheit darüber erlangen, dass Gott den Bund, den Er mit seinem Volk geschlossen hat, doch erfüllen wird, indem Er ihre Sünden wegnimmt. Für ein wirkliches Genießen der Segnungen Gottes ist es notwendig, dass die Seele von der Last ihrer Sünden frei ist. Die große Last, die die Seele des Volkes bedrücken wird, ist die Verwerfung des Herrn Jesus. Diese Sünde werden sie bekennen, und Gott wird ihnen vergeben. In Sacharja 12 bis 14 findest du ausführlich und auf eine zu Herzen gehende Weise, wie dies alles geschehen wird.

Gott wird seine Vorsätze hinsichtlich seines irdischen Volkes ausführen. Was Er verheißen hat, wird Er auch tun. Israel mag sich gegenüber der Verkündigung des Evangeliums zwar feindlich verhalten, doch wenn es um die Auserwählung geht, sind sie Geliebte, weil sie Nachkommen der Väter Abraham, Isaak und Jakob sind. Hatte Gott ihnen nicht seine Verheißungen gegeben? Wegen der Untreue des Volkes musste die Erfüllung der Verheißungen aufgeschoben werden. Doch aufgeschoben ist bei Gott nicht aufgehoben. Er bereut nicht, was Er seinem Volk in seiner Gnade verheißen und wozu Er sein Volk berufen hat.

*Lies nun noch einmal Römer 11,23-29. – Was ist ein Geheimnis?*

# 44. Ihm sei die Herrlichkeit in Ewigkeit!

Nimm dir Ruhe und Zeit für **Römer 11,30-36**

Die Schlussverse von Kapitel 11 sind eigentlich eine Zusammenfassung all dessen, was Paulus in den vorausgegangenen 11 Kapiteln erklärt hat.

Darin ist deutlich geworden, dass wir, die wir ursprünglich zu den Heiden gehörten, nicht an Gott glaubten. Weil wir jedoch dem Evangelium, der frohen Botschaft Gottes, geglaubt haben, haben wir Barmherzigkeit empfangen. Wir haben jedoch auch gesehen, dass das Evangelium erst dann zu den Heiden gekommen ist, als die Juden auf die vielen Aufrufe Gottes zur Umkehr nicht reagiert hatten. Und als sie sahen, dass die Gnade sich den Heiden zuwandte, konnten sie das nicht ertragen und widerstanden dem Evangelium. In der Apostelgeschichte findest du das immer wieder.

Durch dieses Verhalten stellten sie sich auf den gleichen Platz vor Gott, den die Heiden früher hatten. So wie wir, die Heiden, früher nicht glaubten, so glauben jetzt die Israeliten nicht. Es ist die Absicht Gottes, uns dadurch zu zeigen, dass jeder ohne Ausnahme ungläubig ist. Als Folge davon erweist Gott jetzt jedem ohne Ausnahme Barmherzigkeit. Er möchte gern beweisen, dass Er barmherzig ist. Wie hätte Er das besser tun können dadurch, dass Er zuerst zeigte, dass jeder diese Barmherzigkeit nötig hat?

Das veranlasst Paulus zu dem Lobpreis in den Versen 33-36. Er bewundert darin die Weisheit und Erkenntnis Gottes. Die Weisheit Gottes sehen wir in dem Herrn Jesus. Er wird in 1. Korinther 1,30 „Weisheit von Gott“ genannt. Wer wäre je auf den Gedanken gekommen, die Probleme, die durch die Sünde des Menschen entstanden waren, auf diese Weise zu lösen? Gott hat vollkommene Erkenntnis über alles, was geschehen ist, und Er weiß auch, wie Er auf vollkommene und gerechte Weise handeln muss. Darin liegt eine Tiefe des Reichtums eingeschlossen, die für uns unergründlich ist.

In seinen Gerichten, d. h. in der Beurteilung der entstandenen Lage oder in der vollkommenen Einsicht, die er in die entstandene Lage hat, ist Er hoch über uns erhaben. Für den Menschen war alles aussichtslos. Er konnte keinerlei Lösung finden. Er konnte die Sünde nur noch vergrößern. Nun hat Gott angefangen zu wirken. Wer kann seine Wege, d. h. die Weise, wie Er gewirkt hat, ergründen? Das kann niemand! Wir können nur im Nachhinein sein Werk, das Er in Christus vollbracht hat, bewundern. Wer hätte sich einen solchen Weg ausdenken können als nur Gott allein?

Brauchte Gott dafür einen Mitberater? Wer hätte das sein können? Alles, was Gott an Erkenntnis und Mitteln besitzt, besitzt Er in sich selbst. Das braucht Er sich nicht bei anderen zu holen. Es gibt keine größere Macht im ganzen Universum als Gott selbst. Es gibt auch niemand neben Gott, der Ihm etwas geben könnte, was Er nötig hätte und wofür Er dem anderen etwas vergelten könnte. Gott allein ist unabhängig. Aus Ihm kommen alle Dinge hervor. Alles findet seinen Ursprung in Ihm. In Römer 4 hast du bereits gelesen, dass Gott die Dinge, die nicht sind, ruft, als wären sie da. Gott hat die Schöpfung aus sich selbst ins Dasein gerufen. Alle Quellen sowohl der Materie als auch der Weisheit und Erkenntnis sind in Ihm selbst.

Doch die Dinge kommen nicht nur aus Ihm hervor, Er hat auch alle Dinge selbst zustande gebracht. Nach dem „von ihm“ steht das „durch ihn“. Er ist nicht nur der Ursprung aller Dinge, sondern auch ihr Urheber. Er hatte nicht nur die Idee, sondern hat sie auch selbst ausgeführt.

Schließlich heißt es auch „für ihn“. Das große Ziel, auf das alle seine Pläne und alle seine Werke hinauslaufen, ist Er selbst. Gott verherrlicht sich selbst durch alles, was Er tut. Das Erstaunliche, das Bewundernswerte, was ewig unsere Anbetung hervorrufen wird, ist die Tatsache, dass Gott dich in seine Pläne aufnehmen wollte. Du wirst in Ewigkeit dazu beitragen, seine Herrlichkeit zu vergrößern. Ist es nicht überwältigend, wenn du daran denkst, wer du früher warst und was dein Schicksal war, und jetzt zu sehen, dass Gott dir diesen Platz gegeben hat?

Du kannst nicht anders, als dich Paulus anzuschließen und auszurufen: „Ihm sei die Herrlichkeit in Ewigkeit!“ Dem ist nichts mehr hinzuzufügen als: „Amen.“ Das erinnert mich an Offenbarung 5, wo nach dem Lobpreis der Verse 13 und 14 auch dieses „Amen“ folgt, woraufhin die Ältesten niederfallen und anbeten. Man hört keine Worte mehr. Die Herzen verlieren sich in einer grenzenlosen, unaussprechlichen Bewunderung Gottes und des Lammes. Amen.

*Lies nun noch einmal Römer 11,30-36. – Denk besonders über Vers 36 nach.*

# 45. Werdet verwandelt

Nimm dir Ruhe und Zeit für **Römer 12,1.2**

Wenn du es auf dich einwirken lässt, was Gott alles für dich getan hat, wie sehr Er dich liebt, wie barmherzig und erbarmungsvoll Er ist, dann kann es doch nicht anders sein, als dass du sagst: „Herr, hier bin ich, erfülle nur du mein Leben!"

Gott erwartet nichts anderes von dir, als dass du jetzt in deinem Leben zeigst, dass du etwas von den empfangenen Unterweisungen verstanden hast. Du hast sie nicht erhalten, um eine Anzahl von Wahrheiten auswendig zu lernen. Was du gesehen hast und was dich beeindruckt hat, sind die Erbarmungen Gottes. Du hast sie auch selbst empfangen. Davon geht der Apostel aus, wenn er dich jetzt belehrt, wie du als Christ zur Ehre Gottes leben kannst.

Du kannst die Verse 1 und 2 jeweils mit *einem* Wort zusammenfassen. Vers 1: Hingabe; Vers 2: Gehorsam. Weil du den Herrn Jesus jetzt angenommen hast, hat Gott ein Recht auf dein ganzes Leben. Es wird dir nicht schwer fallen, deinen Leib „darzustellen als ein lebendiges ... Schlachtopfer", wenn du daran denkst, was Gott alles für dich getan hat. Deshalb beginnt Paulus mit dem Hinweis auf die Erbarmungen Gottes. Es ist tatsächlich eine Freude für das Herz Gottes, wenn deine Antwort auf seine Erbarmungen das Opfer deines Leibes ist. Das bedeutet, dass in deinem Leben Hingabe und Widmung an Gott zum Vorschein kommen. Früher hast du deinen Leib gebraucht, um für dich selbst zu leben. Du wolltest gern selbst die Ehre für das empfangen, was du tatest und was du warst.

Aber dein Leib gehört nicht mehr dir selbst. In 1. Korinther 6,20 heißt es, dass du für einen Preis (das ist der Preis, den der Herr Jesus für dich am Kreuz bezahlt hat, wodurch du wieder an seine

Erbarmungen erinnert wirst) erkauft worden bist und dass deshalb von dir erwartet werden kann, dass du in deinem Leib Gott verherrlichst. Damit hat auch das „heilig“ in Vers 1 zu tun. Heilig bedeutet: beiseite gesetzt zu einem bestimmten Zweck. Dein Leib ist mit dem Ziel beiseite gesetzt, dass du Gott damit und dadurch verherrlichst.

Wie kannst du das nun verwirklichen? Gott möchte durch die Art und Weise, wie du mit deinem Leib umgehst, was du damit tust, etwas von dem Leben des Herrn Jesus sehen, als Er hier auf der Erde war. Dann ist das Opfer deines Leibes Gott wohlgefällig, genauso wie das bei dem Herrn Jesus der Fall war. Gott hat mehrmals vom Himmel her seine Stimme über den Herrn Jesus hören lassen: „Dieser ist mein geliebter Sohn, an dem ich Wohlgefallen gefunden habe.“ Dasselbe Wohlgefallen möchte Gott gern auch an deinem Leben haben. Das erreichst du nicht, wenn du hin und wieder eine fromme Laune oder ein frommes Gefühl hast, ohne darüber nachzudenken, womit du dich beschäftigst.

Es geht um einen „vernünftigen Gottesdienst“ oder, wie es auch übersetzt werden kann, „einen *verständigen* Gottesdienst.“ Damit ist eine Lebensweise gemeint, bei der dir alles, was du tust und lässt, vor dem Herrn bewusst ist. Du erwägst und fasst deine Entscheidungen vor Ihm. Das ist sehr wichtig. Du kannst dich nämlich sehr schnell durch das leiten lassen, was in der Welt um dich her normal und üblich ist. Gott will dir seinen Willen deutlich machen. Fragst du in allen kleinen und großen Dingen nach seinem Willen? Dein ganzes Leben soll in all seinen Bereichen – und da denke ich an die Weise, wie du dich verhältst, wie du sprichst, handelst, dich kleidest, mit Menschen umgehst, also an alles, was von dir ausgeht – nicht gleichförmig dieser Welt sein, sondern völlig verwandelt werden. Wie diese Verwandlung vonstatten gehen soll, brauchst du nicht selbst herauszufinden. Sie geschieht durch die Erneuerung deines Denkens. Früher war dein Denken auf dich selbst ausgerichtet, doch durch das neue Leben, deine neue Lebenseinstellung, kannst du dich jetzt auf Gott ausrichten.

Das ist hier eine Ermahnung, es geht also nicht automatisch. Du solltest dich bemühen, dass „die Erneuerung deines Sinnes“ auch stattfinden kann. Wenn du erst seit kurzem bekehrt bist, kannst du mit der Geduld Gottes rechnen. Es wird dir nicht alles direkt auffallen, worin du noch der Welt gleichförmig bist. Gott wird dir das Schritt für Schritt zeigen. Und wenn du länger bekehrt bist, brauchst du nicht zu denken, dass du diese Ermahnung nicht nötig hättest. Dem Einfluss, den die Welt ausübt, entkommst du nicht. Darum musst du diese Verwandlung stets wieder verwirklichen. Willst du das? Das ist das Entscheidende. Nur dann bist du in der Lage zu prüfen, was „der gute und wohlgefällige und vollkommene Wille Gottes“ ist. Es ist unbedingt nötig, diesen Willen zu kennen, damit du in deinem Leben die Erbarmungen Gottes darstellen kannst. Dein Leben erfährt eine reiche Erfüllung, wenn du lernst, es so zu sehen.

*Lies nun noch einmal Römer 12,1.2. – Gibt es Dinge in deinem Leben, von denen du weißt, dass sie geändert werden müssen?*

# 46. Was ist deine Aufgabe?

Nimm dir Ruhe und Zeit für **Römer 12,3-8**

Du kannst Kapitel 12 in drei Abschnitte untergliedern. Die Verse 1 und 2 bilden den ersten Abschnitt. Darin geht es um dein Verhältnis zu Gott.

Der dritte Abschnitt umfasst die Verse 9-21 und hat mit dem Verhältnis zu den Menschen um dich her zu tun. In dem jetzt vor uns liegenden zweiten Abschnitt geht es um dein Verhältnis zu deinen Mitgläubigen. Du musst dir bewusst sein, dass du nicht *mehr* bist als die anderen, im Gegenteil, Bescheidenheit und Zurückhaltung sind angebracht.

Gott hat jedem, auch dir, ein bestimmtes Maß des Glaubens zugeteilt. Das ist genau das Maß, das du für die Aufgabe brauchst, die du ausführen sollst. So hat Gott es auch mit deinem Mitgläubigen getan. Auch er hat eine Aufgabe von Gott empfangen und dazu ein Maß an Glauben, das für seine Aufgabe nötig ist.

Wenn du nun eine Gabe von Gott empfangen hast, kannst du dich dessen nicht rühmen oder damit hausieren gehen. Das tut Paulus auch nicht, und er war sogar ein Apostel. Er spricht dich und mich durch die Gnade an, die ihm gegeben worden ist. So sollen wir uns auch untereinander in dem Bewusstsein begegnen, dass uns Gnade gegeben ist.

Er stellt einen Vergleich mit dem menschlichen Körper an, der viele Glieder hat. Alle diese Glieder haben eine unterschiedliche Funktion. So ist das auch bei uns Gläubigen, aber natürlich in einem geistlichen Sinn. Alle Gläubigen bilden zusammen *einen* Leib, in dem jeder Gläubige (also auch du) seinen eigenen Platz, seine eigene Funktion hat. In 1. Korinther 12 wird das noch weiter ausgeführt. Dort wird betont, wie die verschiedenen Glieder zusammengehören. Sie kommen ohne die anderen nicht aus, sie haben einander nötig.

Hier in Römer 12 geht es um deine eigene Funktion dem anderen gegenüber. Du hast eine eigene, einzigartige Aufgabe, die nur du richtig erfüllen kannst. Weißt du schon, was deine Aufgabe ist? Schwierig, oder? Im Buch des Predigers steht ein Vers, der schon viele ermuntert hat, die wissen wollten, welche Aufgabe sie zu erfüllen hatten: „Alles, was du zu tun vermagst mit deiner Kraft, das tue" (9,10). Mit anderen Worten: Schaue dich um, und du wirst viel Arbeit sehen.

In den Versen 6-8 werden eine Reihe dieser Funktionen (sie heißen dort Gnadengaben) genannt. Worauf es ankommt, ist deine Einstellung. Die Verwandlung deines Sinnes von Vers 2 kannst du verwirklichen, indem du daran denkst, dass du für jemand anderen etwas bedeuten kannst. Es geht darum, was wir füreinander sind (V. 5). Wir haben alle eine unterschiedliche Gnadengabe von Gott empfangen. Gott hat sie uns nicht gegeben, damit wir sie unbenutzt lassen, sondern damit wir damit arbeiten.

Als erste Gabe wird die Weissagung genannt. In 1. Petrus 4,11 findest du eine schöne Beschreibung der Weissagung: das Reden von Aussprüchen Gottes. Je besser du Gott kennen lernst, desto besser kannst du die Aussprüche Gottes weitergeben. Darum heißt es anschließend: „nach dem Maß des Glaubens". Du kannst die Gedanken Gottes nur entsprechend dem Maß deines persönlichen Umgangs mit Gott weitergeben, entsprechend dem Maß, in dem du gelernt hast, Ihm in der Praxis deines Glaubensleben zu vertrauen.

Vielleicht liegt dir mehr das Dienen. Dabei geht es mehr um praktische Dinge. Archippus war so jemand (Kol 4,17). Er musste ermuntert werden, den Dienst, den er im Herrn empfangen hatte, auch zu erfüllen. Solch einen Ansporn haben du und ich auch von Zeit zu Zeit nötig.

Möglicherweise verbirgt sich in dir ein Lehrer. In Esra 7,10 findest du eine wichtige Reihenfolge:

1. Esra richtete sein Herz darauf, das Gesetz zu erforschen;

2. er handelte selbst danach; und dann erst
3. lehrte er das Gesetz in Israel.

Dann gibt es die Gabe der Ermahnung. Ermahnen kann bedeuten: ermutigen oder trösten, aber auch das Hinweisen auf verkehrte Dinge. Das ist keine sehr beliebte Beschäftigung. Sie ist aber sehr nötig. Die Gläubigen stehen immer in Gefahr, vom Wort abzuweichen. Deshalb müssen sie gewarnt werden. Ein Abweichen hat immer ernste Folgen. Ermahnungen haben daher immer das Ziel, Gläubige, die abgewichen sind, zum Herrn zurückzubringen. In Jakobus 5,19 siehst du, welche gesegneten Auswirkungen das haben kann.

Es gibt Geschwister, die die Gabe des Gebens haben, d. h. dass sie andere an dem Wohlstand, den sie besitzen, teilhaben lassen. Diese Gnadengabe erscheint mir dankbarer als die vorige. Dennoch erfordert das Ausüben dieser Gabe auch geistliche Erfahrung. Es muss mit Milde und ohne Nebenabsichten geschehen.

Vorstehen oder Führen ist ebenfalls eine besondere Gabe. Hierbei ist es nötig, Fleiß anzuwenden, denn um vorstehen zu können, muss man selbst ein Vorbild sein und darf nicht nur Aufträge erteilen. Die Person Nehemias (im Alten Testament) ist dazu ein schönes Beispiel.

Die letzte Gabe, die hier genannt wird, ist: Barmherzigkeit üben. Es gibt Gläubige, die, wenn sie andere in Not sehen, sofort bereit sind, ihnen zu helfen. Für sie ist es wichtig, ihren Dienst freudig zu tun. Das ist nicht immer leicht, weil ihre Hilfe nicht immer geschätzt wird.

Paulus hat hiermit keine erschöpfende Aufzählung geben wollen. Er wollte zeigen, dass jeder Gläubige, also auch du, eine Gabe hat und dass diese Gabe in der rechten Gesinnung ausgeübt werden muss. Es ist gut, wenn du dich damit auseinandersetzt. Bitte den Herrn, dass Er dich recht führt, und geh dann an die Arbeit.

*Lies nun noch einmal Römer 12,3-8. – Bitte den Herrn, dass Er dir hilft, deine Aufgabe zu erkennen und sie zu erfüllen.*

# 47. Regeln für das christliche Leben I

Nimm dir Ruhe und Zeit für **Römer 12,9-13**

Nun kommen wir zu einer Reihe von Ermahnungen, die mit dem tagtäglichen Leben zu tun haben. Es handelt sich um kurze, prägnante Sätze.

Du musst jeden einzelnen Satz einmal auf dich einwirken lassen. Wenn du dich damit beschäftigst, so versuche dabei immer, dir die Person des Herrn Jesus vor Augen zu halten. Er hat all das, was du hier findest, in seinem tagtäglichen Leben gezeigt. Lies daraufhin einmal die Evangelien. Nachdem du nun weißt, wie Gott dich aufgrund des Werkes des Herrn Jesus sieht, kann Er auch von dir erwarten, dass du dich so verhältst, wie es in diesem Abschnitt gesagt wird. Es geht dabei nicht so sehr um dein äußeres Auftreten als vielmehr um den Ton, die Art und den Geist deines Auftretens. Du wirst beim Lesen festgestellt haben, dass all das genau im Gegensatz zu dem Verhalten der Weltmenschen um dich her steht.

Es beginnt mit der Liebe. Sie muss ungeheuchelt sein. Ungeheuchelt bedeutet: ohne Nebenabsichten. So war der Herr Jesus. In der Welt findest du das nicht. Manche machen bei einer Spendenaktion nur dann mit, wenn die Beträge und die Namen der edlen Spender genannt werden.

Die Liebe muss in die rechten Bahnen gelenkt werden, denn wir leben in einer Welt, die voll ist vom Bösen. Es besteht die Gefahr, dass du mit der Liebe falsch umgehst, ihr auf falsche Weise Ausdruck gibst.

Das Erste, was die Liebe in dieser Welt erkennen lässt, ist die Abkehr vom Bösen. Das siehst du auch bei dem Herrn Jesus. Was empfindest du, wenn du mit irgendeiner Form des Bösen in Berührung kommst? Empfindest du dann Abscheu? Es kann sein, dass du bei manchen Dingen nicht weißt, ob sie gut oder böse sind, aber was eindeutig böse ist, solltest du verabscheuen, auch wenn du deshalb vielleicht den Vorwurf zu hören bekommst, eine negative Einstellung zu haben: „Du machst nirgendwo mit, du bist schrecklich langweilig."

Wenn die Abkehr vom Bösen das Einzige wäre, was von dir gesagt werden könnte, wäre der Vorwurf vielleicht berechtigt. Es gibt aber auch eine andere Seite, nämlich das Gute festzuhalten. Das Gute findest du bei dem Herrn Jesus. Er ist der Gute. Alles Gute kommt von Ihm.

In Vers 10 wird die Bruderliebe genannt. In dieser bösen Welt gibt es eine ganz besondere, einmalige Gemeinschaft: die Gemeinschaft der Brüder. Dazu gehören alle Kinder Gottes. Du wirst hier aufgerufen, ihnen in herzlicher Weise zu begegnen. Es geht hier um deine „Familie". Echte Herzlichkeit ist in der Welt eine Rarität. Darum ist auch jeder dem anderen fremd.

In Ehrerbietung einer dem anderen vorangehen ist in der Welt, in der wir leben, etwas Fremdes. Dort geht es darum, so viel eigene Ehre wie möglich zu bekommen. Unter Geschwistern ist das anders (sollte es jedenfalls sein). Deshalb wird hier gesagt, dass wir in einander Ehre erweisen sollen, und zwar auf eine Weise, die für andere eine Vorbild ist. Auch zum Fleiß wirst du angespornt. In deiner Umgebung wird man dich vielleicht als „Streber" bezeichnen, aber Fleiß ist ein wichtiges Kennzeichen für einen Christen. Von dem Herrn Jesus lesen wir, dass Ihn der Eifer für das Haus Gottes verzehrte (Joh 2,17). Die Frage ist jedoch, für *was* oder *wen* du eifrig bzw. fleißig bist.

Bei „inbrünstig im Geist" kannst du an die Motivation denken, weshalb du fleißig bist (oder in welchem Maß). Dein Fleiß und dein Einsatz, deine Motivation, alles soll zu dem beitragen, was du am Ende von Vers 11 findest: „dem Herrn dienen". Dem Herrn zu dienen bedeutet, ihm als Sklave zu dienen. Dann stehst du Ihm völlig zur Verfügung. Er bestimmt, was du tun und lassen sollst. Deine Zeit, deine Kräfte, deine Fähigkeiten, alles will Er gebrauchen. Dazu wollte Er dich von der Macht der Sünde befreien. Denkst du noch an Vers 1 dieses Kapitels: dein Leib – ein lebendiges Schlachtopfer? Inzwischen darfst du nach der Zukunft Ausschau halten. Du hast eine Hoffnung, eine Aussicht, auf die du dich freuen kannst. Der Herr kommt bald. Dann wirst du für immer bei Ihm sein. Mit dieser Zukunft vor Augen ist es möglich, in Trübsal auszuharren.

Du empfindest auch, wie nötig das Gebet ist. Auch darin ist der Herr Jesus ein Vorbild. In Psalm 109,4 sagt Er prophetisch: „ich aber bin stets im Gebet" oder: „ich aber bin Gebet". Während seines ganzes Lebens stand Er in Verbindung mit seinem Gott und Vater. Bei Ihm siehst du auch, wie Er an andere dachte. Er lebte nicht für sich selbst. Das kannst auch du zeigen. Es gibt Heilige, Gläubige, die Not leiden. Du kannst sie an deinem Wohlergehen teilhaben lassen. Trachte nach Gastfreundschaft! Das Wort Gastfreundschaft bedeutet wörtlich: „Liebe zu Fremden". Es kommt nur noch in Hebräer 13,2 vor. Dort liest du, was für einen großen Segen es mit sich bringt, wenn man Gastfreundschaft übt.

*Lies nun noch einmal Römer 12,9-13. – Prüf einmal, in welchem Maß diese „Regeln" für das christliche Leben bei dir vorhanden sind.*

# 48. Regeln für das christliche Leben II

Nimm dir Ruhe und Zeit für **Römer 12,14-21**

Der Ausgangspunkt für diesen Abschnitt sind noch immer die Verse 1 und 2. Behalte diese Verse stets im Gedächtnis, wenn wir mit den Ermahnungen oder Ermunterungen fortfahren, die Paulus hier gibt.

Lass durch deine Lebensweise anderen Segen zukommen, auch wenn sie sich dir gegenüber nicht wohlwollend verhalten. Segnen bedeutet, dass du jemandem Gutes wünschst. In unseren Gedanken sind wir schnell geneigt, jemanden, der uns schlecht behandelt, zu verfluchen, d. h. ihm Schlechtes oder Unangenehmes zu wünschen. Wer trotz Verfolgung segnen will, muss auf den Herrn Jesus schauen. Er ist auch darin wieder das vollkommene Vorbild. Betete Er nicht am Kreuz für seine Verfolger: „Vater, vergib ihnen, denn sie wissen nicht, was sie tun"?

Gibt es in deiner Umgebung jemanden, der sich freut? Freue dich mit ihm. Es geht hier natürlich nicht um das „leere" Vergnügen und Scherzen in der Welt. Du darfst dich an schönen Dingen freuen, die Gott anderen gibt, auch Ungläubigen. Dabei kannst du an verschiedene irdische Segnungen denken: Jemand heiratet, irgendwo wird ein Baby geboren, ein Arbeitsloser findet Arbeit. An solchen Freuden darfst du Anteil nehmen. Weinen mit den Weinenden ist schon schwieriger. Trauern bedeutet vor allem Mitgefühl zeigen. Eine unheilbare Krankheit oder der Tod sind schlimme Dinge. Auch Ungläubigen wird es gut tun, wenn wir ihnen Mitgefühl zeigen. So etwas kann eine Gelegenheit sein, um auf den Herrn Jesus hinzuweisen.

Das gemeinsame Erleben bestimmter Ereignisse (Freude oder Trauer) ist auch gut, wenn es darum geht, gegeneinander gleich gesinnt zu sein. Hier sind Gläubige gemeint. Dann sind wir *eines* Sinnes; wir haben dasselbe Verlangen. Wir können untereinander nur gleich gesinnt sein, wenn wir alle das Verlangen haben, für den Herrn Jesus zu leben. Dafür ist Demut eine wichtige Voraussetzung. Das Streben nach hohen Dingen bewirkt, dass wir uns über andere erheben. Dann isolieren wir uns und lösen uns von den anderen, mit denen wir zusammen den einen Leib Christi bilden (siehe Vers 5). Das gegenseitige Gleichgesinntsein geht verloren. Aus uns selbst sind wir nicht demütig. Das können wir nur von dem Herrn Jesus lernen (siehe Mt 11,29). Wenn wir bei Ihm in die Lehre gehen, können wir zeigen, dass wir nicht klug sind in unseren eigenen Augen.

Für einen Israeliten zur Zeit des Alten Testaments war es angebracht, Böses mit Bösem zu vergelten (Auge um Auge), aber nicht für Christen des Neuen Testaments. Der Christ darf die Eigenschaften Gottes zeigen und das Gute für alle Menschen wünschen. Soweit es von dir abhängt, lebe mit allen Menschen in Frieden. Das ist nicht immer möglich. Du siehst das im Leben des Herrn Jesus. Er ist der Friedefürst. Dennoch kamen durch Ihn Unfriede und Streit in Familien, weil man sich *für* oder *gegen* Ihn entscheiden musste. Vielleicht hast du das selbst auch erlebt oder steckst gerade mittendrin. Doch du musst vermeiden, dass dieser Unfriede eine Folge deines verkehrten Verhaltens ist.

Wenn dir unrecht getan wird, brauchst du dich nicht selbst zu rächen und zornig (böse) zu werden. Den Zorn kannst du Gott überlassen. Er wird zu seiner Zeit das Recht siegen lassen. Gott lässt nichts ungestraft. Was du tun darfst, ist das Gegenteil: Du darfst die, die dir unrecht tun, beschämen. Viele sind schon dadurch für den Herrn Jesus gewonnen worden, dass Gläubige ihren Feinden Gutes getan haben, sie gesegnet haben, statt sie zu verfluchen.

Lass dich nicht vom Bösen überwinden. Die Welt um dich her ist davon übervoll. In dir ist noch die Sünde vorhanden. Diese beiden (die Welt um dich her und die Sünde, das Fleisch in dir) kommen bestens miteinander aus. Aber du hast gesehen, dass der Leib der Sünde abgetan ist, damit du nicht mehr der Sünde dienst (Kap. 6,6). So wie Gott das Böse in uns durch das Gute, das

Er in dem Herrn Jesus gegeben hat, überwunden hat, kannst auch du nun das Böse mit dem Guten überwinden. Das bedeutet, dass du das Böse, das dir angetan wird, überwindest, wenn es dem Feind nicht gelingt, dich zu einer falschen Reaktion zu veranlassen. Du kannst diese Gelegenheit nutzen, um das Gute – etwas von den Erbarmungen Gottes – zu zeigen. In 2. Könige 6,8-23 findest du im Handeln Elias eine schöne Illustration für ein solches Überwinden.

*Lies nun noch einmal Römer 12,14-21. – Prüf einmal, in welchem Maß diese „Regeln" für das christliche Leben bei dir vorhanden sind.*

# 49. Die Obrigkeit

Nimm dir Ruhe und Zeit für **Römer 13,1-7**

Im vorigen Kapitel hast du entdeckt, dass du als Gläubiger mit Menschen um dich her (Gläubigen und Ungläubigen) auf sehr unterschiedliche Weise zu tun hast.

Du hast gesehen, wie du dich jedem gegenüber zu verhalten hast. In diesem Kapitel geht es um dein Verhalten gegenüber der Obrigkeit, der Regierung. Es wird dir einfach mitgeteilt, und das gilt ohne Ausnahme, also ungeachtet der Regierungsform: „Jede Seele sei den obrigkeitlichen Gewalten untertan." Der Grund für diese Unterordnung ist, dass die Obrigkeit von Gott eingesetzt ist. Wenn du Gott untertan sein willst, kannst du das auch dadurch zeigen, dass du auf die Regierung oder die Polizei hörst. Tust du das nicht, so bringst du ein Urteil (Gericht) über dich. Du brauchst dich nicht vor der Obrigkeit zu fürchten, wenn du Gutes tust. Die Obrigkeit wird dich für das Gute, das du tust, loben.

Tust du aber Böses, so bekommst du auf unangenehme Weise mit ihr zu tun. Sie ist eine „Rächerin zur Strafe". Dazu hat sie das Recht und die Pflicht. Sie muss ihre Untertanen gegen Unrecht und Gewalt schützen. Dafür hat sie Mittel erhalten: Rechtsprechung, Gefängnisstrafe, Todesstrafe. Doch du sollst dich nicht nur aus Angst unterordnen, sondern auch deshalb, weil die Obrigkeit Gottes Dienerin ist. Sie vertritt Gott auf der Erde und übt in seinem Namen Autorität aus. Wenn du das verstehst, wirst du ihr um des Gewissens willen untertan sein.

Es ist durchaus nicht immer leicht, der Obrigkeit untertan zu sein; das war es auch für Paulus nicht. Er schrieb diese Worte an die Gläubigen in Rom, die unter der Herrschaft eines grausamen Tyrannen, des Kaisers Nero, standen. Sehr leicht kommt dann der Gedanke auf: Kann das eine Obrigkeit sein, wie Gott sie gewollt hat? Einer solchen Obrigkeit brauchen wir uns doch nicht unterzuordnen?

Auch heutzutage gibt es Länder in der Welt, von denen man das sagen könnte. Ein anderer Gedanke über die Obrigkeit, der eher bei uns, die wir im so genannten freien Westen leben, anzutreffen ist, ist folgender: „Die Beschlüsse, die die Regierung fasst, sind falsch. Dagegen müssen wir angehen.“ Derartige Argumentationen kannst du in deiner Umgebung hören. Es ist das Propagieren des „zivilen Ungehorsams.“ Für uns ist es jedoch wichtig, dass wir die Obrigkeit als eine Instanz betrachten, die Gott über uns eingesetzt hat und der wir untertan sein müssen. Gott hat ihr die Autorität gegeben.

Eine andere Sache ist es, dass wir vielleicht nicht in allem gehorchen können. Das kann der Fall sein, wenn Dinge von uns verlangt werden, die dem Wort Gottes entgegen sind. Dazu lesen wir in Apostelgeschichte 5,29 den Auftrag: „Man muss Gott mehr gehorchen als den Menschen.“

Doch auch wenn wir in manchen Dingen nicht gehorchen können, sollten wir untertan bleiben und keinen rebellischen Geist zeigen. Letzteres siehst du bei den Menschen dieser Welt, die mit allerlei Gesetzen der Regierung nicht einverstanden sind. Sie fühlen sich „angegriffen“ und protestieren daher.

Ich will ein Beispiel nennen, wo wir nicht gehorchen könnten: wenn ein Gesetz erlassen würde, das den Gläubigen das Zusammenkommen verbieten würde, das der Herr ausdrücklich wünscht (Heb 10,25). Oder wenn kein Unterschied zwischen Ehe und wildem Zusammenleben mehr gemacht werden darf, oder wenn Homosexuelle das Recht haben, sich nach ihren Neigungen zu verhalten. Es ist wichtig, dass du für dich selbst davon ausgehst, dass die bestehende Obrigkeit von Gott eingesetzt ist. Aber wenn es um ein weiteres Beispiel zu nennen, um die Emanzipation geht, die Gleichstellung von Mann und Frau, begibt sich die Obrigkeit auf ein Gebiet, worüber Gott in seinem Wort das Nötige gesagt hat. Wenn es um gleichen Lohn für gleiche Arbeit geht, brauchst du damit keine Mühe zu haben. Doch wenn es um Dinge geht, die die Verhältnisse in der Familie auf den Kopf stellen, liegen die Dinge eben anders. Die „Rollenverteilung“ in der Familie ist eine Sache, die Gott geregelt hat, wo die Obrigkeit nichts hineinzureden hat.

Die vollkommene Regierung wird erst im Friedensreich kommen, wenn der Herr Jesus regieren wird. Dann wird alles vollkommen gerecht geschehen, anhand vollkommener Gesetze. Jetzt ist das noch nicht so. Du musst dafür sorgen, dass du nicht dein Gewissen belastest, indem du dich der Obrigkeit widersetzt.

Die Steuern, die du (vielleicht) bezahlst, zeigen auch dein Verhältnis zur Obrigkeit. Ob du das nun schön findest oder nicht, sie werden von deinem Einkommen einbehalten. Was die Obrigkeit damit tut, ist ihre Sache.

Ebenso wird von dir erwartet, dass du alles tust, was die Obrigkeit von dir erwartet. Wie ist es z. B. mit deiner Teilnahme am Straßenverkehr? Befolgst du die von der Regierung gegebenen Regeln?

Ein Christ ist ein Mensch, der weiß, was Geben ist. Geben bedeutet nicht immer, dass es freiwillig geschieht. Für dein Empfinden ist es vielleicht dann am schönsten, aber in Vers 7 ist Geben eine Pflicht. Tu das nicht so einfach ab, sondern gib allen, was ihnen zusteht.

„Schummele" nicht mit deinen Steuerpapieren; achte den, der über dir steht; gib anderen die Ehre und die Achtung, die ihnen zusteht (das ist wirklich kein „Schleimen"). Dadurch kannst du zeigen, dass du ein Christ bist, der in seinem Leben Gottes Willen tun will. Weißt du, was so großartig ist? Gott wird dir dann auch das geben, was dir zusteht!

*Lies nun noch einmal Römer 13,1-7. – Wie kannst du in deiner Situation zeigen, dass du die Obrigkeit als Einrichtung Gottes anerkennst?*

# 50. Ziehe den Herrn Jesus Christus an

Nimm dir Ruhe und Zeit für **Römer 13,8-14**

Schulden machen ist nicht schwer. Es wird sogar als recht angenehm dargestellt. Ein bisschen Luxus kannst du dir doch gönnen.

Leih dir gegen einen günstigen Zinssatz etwas Geld aus, und du lebst angenehmer. Mit einer derartigen Argumentation haben sich schon viele Menschen Schulden auf den Hals geladen. Für einen Christen sollte es nur *eine* Schuld geben, und zwar eine Schuld, die hier auf der Erde nie getilgt werden kann: einander zu lieben. Wer den anderen liebt, erfüllt damit das Gesetz. Die Zusammenfassung des Gesetzes lautet: einander lieben. Das Gesetz verbietet eine Reihe von Dingen, durch die andere benachteiligt werden. Die Liebe tut dem Nächsten nichts Böses. Wer also seinen Nächsten liebt, wird ihn sicherlich nicht benachteiligen.

Nun könntest du fragen: Aber ich lebe doch nicht mehr unter Gesetz? Ist aus Kapitel 7 nicht deutlich geworden, dass ich vom Gesetz freigemacht bin? Das ist richtig, und die Verse in Kapitel 13 stehen dazu nicht im Widerspruch. Sie sagen etwas anderes aus. Sie sagen dies: Wenn du jemanden liebst, wirst du nichts tun, was das Gesetz verbietet. Auf diese Weise erfüllst du das Gesetz. Liebe ist keine Leistung, die du erbringst, weil das Gesetz es von dir verlangt. Liebe ist vielmehr die Äußerung deines neuen Lebens, das das Gute für den anderen sucht. Wenn du das Gute und nicht das Böse für den anderen suchst, ist klar, dass du dann sozusagen automatisch das Gesetz erfüllst.

In den folgenden Versen wird ein zusätzlicher Grund dafür genannt, einander zu lieben. Dieser zusätzliche Grund ist das Kommen des Herrn Jesus. Petrus verbindet in seinem ersten Brief diese beiden Dinge miteinander: das Kommen des Herrn Jesus und die Liebe zueinander. In Kapitel 4,7 spricht er zuerst über das Ende aller Dinge und im nächsten Vers über die Liebe untereinander.

Es ist Zeit, aus dem Schlaf aufzuwachen. Reibe dir einmal die Augen und sieh genau hin, wie weit die Nacht schon fortgeschritten ist. Es ist Nacht in der Welt, stockfinstere Nacht. Mit „Nacht" wird hier die geistliche Finsternis bezeichnet, die durch die Sünde entstanden ist. Doch der Tag ist nahe. Der Tag wird anbrechen, wenn der Herr Jesus in dieser Welt erscheinen wird. Er wird in Maleachi 4 „die Sonne der Gerechtigkeit" genannt. David spricht in 2. Samuel 23,4 in seinen letzten Worten von Ihm als vom „Licht des Morgens, wenn die Sonne aufgeht, ein Morgen ohne Wolken". Jedes Auge wird Ihn dann sehen.

Jeder Tag bringt dich diesem Augenblick näher. Du bist ihm jetzt näher als zu der Zeit, wo du zum Glauben kamst. Wenn deine Errettung jetzt näher ist als zu der Zeit, wo du zum Glauben kamst, bedeutet das also auch, dass du in gewissem Sinn noch nicht errettet bist. Deine Errettung ist noch nicht vollständig, d. h. was deinen Leib betrifft, ist deine Errettung noch zukünftig. In Römer 8,24 hast du gelesen: „Denn in Hoffnung sind wir errettet worden." Lies noch einmal nach, was ich darüber geschrieben habe.

Dass hier gesagt wird, dass du jetzt noch nicht errettet bist, hat mit den vorhandenen Gefahren und mit dem Kampf zu tun, den wir noch führen müssen. Um im Kampf zu bestehen, musst du die Befehle des Hauptquartiers sorgfältig befolgen. Beachte gut: Du musst etwas ablegen und etwas anziehen.

Zuerst das Ablegen. Zur Nacht gehören die Werke der Finsternis. Jede Form der Sünde ist ein Werk der Finsternis. Gibt es noch etwas in deinem Leben, wovon du weißt, dass es Sünde ist? Brich damit! Das kannst du tun, indem du dem Herrn diese Sünde mit Namen nennst und bekennst, dass du falsch gehandelt hast. Bitte den Herrn, dir zu helfen, dieser Sünde nicht mehr nachzugeben. In Sprüche 28,13 steht eine große Ermunterung: „Wer seine Übertretungen ... bekennt und lässt, wird Barmherzigkeit erlangen."

Wenn du das getan hast, gibt es Platz für die Waffen des Lichts. Nun kannst du sie anziehen. Die Waffen des Lichts sind völlig andere Waffen als die, mit denen die Welt kämpft. Es sind geistliche Waffen. Der Herr Jesus nennt sich selbst das Licht. Von Ihm bekommst du diese Waffen, und von Ihm kannst du lernen, wie du damit umgehen musst, um zu siegen. In den Evangelien siehst du, wie Er sie gebrauchte. Nachdem Ihn der Teufel 40 Tage und 40 Nächte lang versucht hatte und zum Schluss noch mit seinen letzten drei Versuchungen zu Ihm kam, schlug der Herr ihn mit den Worten: „Es steht geschrieben."

Du hast abgelegt und angezogen. Jetzt folgt die Ermahnung, anständig zu wandeln. Die in Vers 13 genannten Dinge findest du in der Welt, in der Finsternis, reichlich, aber sie passen nicht (mehr) zu dir. Du gehörst nicht mehr zu der Finsternis, in der die Sünden aus Vers 13 Triumphe feiern, sondern du gehörst zum Tag. In deinem Leben ist die Sonne der Gerechtigkeit bereits aufgegangen. Du darfst im Licht der „Sonne der Gerechtigkeit" – des Herrn Jesus – wandeln.

Du wirst nicht nur aufgefordert, die Waffen des Lichts anzuziehen, sondern auch den Herrn Jesus Christus selbst. Siehst du, dass Er hier mit seinem vollen Namen genannt wird? Ihn anziehen bedeutet dasselbe (es klingt vielleicht etwas unehrerbietig, aber das ist die Bedeutung) wie eine Jacke anziehen. Es bedeutet, dass du *Ihn* in deiner Umgebung zeigst. Wenn du viel an dich selbst denkst und mit dir selbst beschäftigt bist (wie viel Zeit verbringst du vor dem Spiegel?), kommen, um bei dem Bild der Jacke zu bleiben, Flecken auf diese schöne Jacke. Sie wird dadurch beschmutzt. Wenn der Herr Jesus kommt, wird jedes Auge Ihn sehen. Dann wird es für jeden, der sich nicht für Ihn entschieden hat, für ewig zu spät sein. Du und ich dürfen Ihn jetzt schon zeigen. Was für ein Freude wäre es, wenn andere Ihn dadurch noch kennen lernen und Ihn als ihren Heiland und Herrn annehmen würden.

*Lies nun noch einmal Römer 13,8-14. – Woran merkst du, dass es in der Welt Nacht ist, und wie kannst du das Licht leuchten lassen?*

# 51. Nehmt einander auf

Nimm dir Ruhe und Zeit für **Römer 14,1-7**

Nun folgt ein neuer Abschnitt in diesem Brief, und zwar von Kapitel 14,1 bis 15,7.

Worum es in diesem Abschnitt geht, kannst du im ersten und im letzten Vers dieses Abschnitts sehr schön sehen. In beiden Versen liest du: „Nehmt einander auf." Das ist sehr wichtig. Du wirst bereits dahinter gekommen sein, dass nicht alle Gläubigen über alle Dinge dasselbe denken.

Um die Unterschiede zu verdeutlichen, stellt Paulus uns hier zwei Gläubige vor. Den einen nennt er „schwach" und den anderen „stark". Du darfst bei schwach und stark nicht an das Glaubensleben denken, das bei dem einen schwach und bei dem anderen stark wäre. Es geht auch nicht um den Unterschied zwischen fleischlich und geistlich. Dann wäre fleischlich schwach und geistlich stark. Hier geht es um Einflüsse aus der Vergangenheit, die im Leben eines Christen noch eine Rolle spielen. Insbesondere geht es hier um bekehrte Juden, die Christen geworden waren und doch noch an bestimmten alttestamentlichen Vorschriften festhielten. Als Beispiele werden das Essen oder Nichtessen bestimmter Speisen oder das Halten bestimmter Tage, die für wichtiger erachtet wurden als andere Tage, genannt. Darin können Christen schwach sein. Schwache sind hier also solche Christen, die meinen, sich noch an Essensvorschriften halten zu müssen, die für Israel galten. Schwache sind auch Christen, die meinen, eine Anzahl Feiertage beachten zu müssen, wie auch Israel sie kannte. Denke z. B. an die christlichen Feiertage. Es gibt solche, die in aller Aufrichtigkeit meinen, diese Tage halten zu müssen. Der Schwache im Glauben ist also kein nachlässiger oder untreuer Christ, sondern gerade ein Christ, der oft eine große Gewissenhaftigkeit in seinem christlichen Lebenswandel zeigt.

Danach sehen wir den Starken im Glauben. Er weiß, dass er (mit Ausnahme der in Apostelgeschichte 15,29 genannten Dinge) alles essen darf. Er weiß auch, dass sich nur *ein* Tag von den anderen Tagen unterscheidet, nämlich der erste Tag der Woche. Das ist der Tag, der in Offenbarung 1,10 „der Tag des Herrn" genannt wird, der dem Herrn gehörende Tag.

Wie du das Essen oder bestimmte Feiertage betrachtest, hängt davon ab, inwieweit du deine Stellung in Christus kennst. Wer weiß, dass er in Christus eine neue Schöpfung ist, hat keine Probleme mit Dingen wie Speisen oder Feiertagen. Er weiß, wie er damit umgehen muss. Doch damit ist das Thema noch nicht erledigt. Das Entscheidende in diesem Abschnitt ist nicht, wie wir mit Speisen und Feiertagen umgehen sollen, sondern wie wir miteinander umgehen sollen.

Wenn der andere etwas nicht so sieht wie ich, verachte ich ihn dann (wenn ich zu den Starken gehöre) oder verurteile ich ihn (wenn ich zu den Schwache zähle)? Wir müssen einander in dem Bewusstsein aufnehmen, dass der andere es für den Herrn tut. Darin liegt das Motiv! Wir dürfen uns selbst (oder auch einander) durchaus einmal die Frage stellen: Tue oder lasse ich dies oder jenes für den Herrn? Dann kommen wir für uns selbst zu einer bestimmten Schlussfolgerung, während der andere vielleicht zu einer anderen Schlussfolgerung kommt. Jeder soll jedoch in seinem eigenen Sinn völlig überzeugt sein.

Wenn wir davon ausgehen, wird kein Wortstreit entstehen, wenn wir miteinander über diese Unterschiede sprechen. Jeder ist seinem Herrn persönlich verantwortlich. Ist dir auch aufgefallen, wie oft hier vom „Herrn" gesprochen wird? Der andere steht unter seiner Autorität, nicht unter deiner oder meiner; er ist der „Hausknecht eines anderen" und daher Ihm unterworfen.

Glücklicherweise wird hier über zweifelhafte Fragen auf diese Weise gesprochen. Die Neigung unseres Herzens besteht immer darin, Vorschriften zu erlassen und alles schriftlich niederzulegen. Dann gibt es keine Gewissensübungen mehr. Wir haben es nötig, aufrecht gehalten zu werden. Dieses Gefühl wird uns vor einem hochmütigen Auftreten bewahren. Dabei werden wir die freudige Erfahrung machen, dass der Herr mächtig ist, uns aufrecht zu halten. Das Ziel von allem ist doch, dass der Herr die

Ehre erhält, die Ihm gebührt. Das kommt auch in Vers 6 zum Ausdruck: Sowohl der *eine* als auch der andere „danksagt Gott“. So ist es möglich, Gott gemeinsam zu danken, die Herzen sind gemeinsam auf Ihn ausgerichtet und bleiben in seiner Gegenwart zusammen.

*Lies nun noch einmal Römer 14,1-6. – Bist du schwach oder stark?*

# 52. Alles für den Herrn

Nimm dir Ruhe und Zeit für **Römer 14,7-14**

Leben für den Herrn. Sterben für den Herrn. Alles für den Herrn. Heute und morgen. Kein Raum für eigenes Handeln. Einengend? Oder gerade befreiend? Du hast die Entscheidung getroffen, indem du dich dem Herrn Jesus ausgeliefert hast.

Seit dem Augenblick, wo du das getan hast, bist du völlig *von* Ihm und *für* Ihn. Du kannst nichts mehr für dich selbst tun. Doch vergiss nicht, dass du das früher auch nicht konntest. Damals schien es so, als wärest du dein eigener Herr; in Wirklichkeit warst du jedoch ein Sklave der Sünde. Deshalb kann es für dich auch nichts anderes als eine Befreiung sein, dass du nun jemandem angehörst, der gestorben und auferstanden ist.

Du weißt ja, dass gerade in diesem Brief der Tod und die Auferstehung des Herrn Jesus so ausführlich behandelt worden ist. Der Herr Jesus herrscht jetzt über Tote und Lebendige. Wenn das für alle Toten und Lebendigen wahr ist (und es ist wahr!), dann ist es auch für dich wahr. Du kannst also nicht so einfach in die Rechte des Herrn eingreifen, indem du deinen Bruder richtest oder verachtest. Ich sage nicht, dass du das tust, doch diese Verse stehen nicht umsonst hier. Gott weiß besser als wir, wie wir uns über andere auslassen können. Jeder Christ trägt die Gefahr in sich, in *einen* dieser beiden Fehler zu verfallen. Wer das leugnet, kennt sich selbst nicht. Und Selbsterkenntnis ist eine wichtige Waffe, damit du vor diesen Gefahren bewahrt wirst.

Noch wichtiger als diese Gefahren zu sehen ist der Gedanke an den Richterstuhl Gottes. Davor werden wir alle einmal stehen. Das ist ein eindrucksvoller Gedanke. Es ist ein Richterstuhl, auf dem kein irdischer, fehlbarer Richter sitzen wird, sondern ein Richter, der vollkommene Kenntnis von allem hat, was wir getan und gesagt haben. Er kennt vollkommen unsere Motive. Er weiß genau, warum wir eine bestimmte Speise gegessen haben oder nicht. Er weiß genau, warum wir bestimmte Tage höher geachtet haben als andere oder warum uns alle Tage gleich waren. Er wird uns dann einwandfrei klarmachen, worin wir unseren Bruder gerichtet oder verachtet haben. Er wird uns zeigen, dass auch der andere für Ihn lebte.

Zur Erinnerung: Es geht hier nicht um verkehrte, sündige Dinge. Wenn wir bei einem anderen verkehrte Dinge sehen, müssen wir ihn durchaus darauf hinweisen. Das geschieht dann aufgrund anderer Bibelstellen.

Hier geht es um dein und mein persönliches Gewissen. Das Gewissen ist keine vollkommene Richtschnur für unser Leben – das ist allein das Wort Gottes –, doch Gott berücksichtigt es, und das müssen auch wir gegenüber anderen tun. Wenn dir und mir so vorgestellt wird, dass ein Augenblick kommt, wo jeder von uns für sich selbst Gott Rechenschaft geben muss, wird das bereits jetzt eine Auswirkung haben. Wenn ich an den Richterstuhl Gottes denke, vor dem ich bald stehen werde, werde ich gern schon heute so leben, als ob ich jetzt davor stünde. Dann möchte gern schon jetzt, in diesem Augenblick, Gott Rechenschaft ablegen. Das Ergebnis dieses Gedankens ist, dass wir zu dem Urteil kommen, dass wir einander nicht (mehr) richten sollten. Das werden wir dann Gott überlassen. Jeder wird sich persönlich vor Gott beugen und Ihn als Gott anerkennen. Das macht uns sehr klein.

Es macht uns auch sehr vorsichtig, Kritik daran zu äußern, was unsere Geschwister für den Herrn meinen tun zu müssen. Für uns selbst werden wir ebenfalls vorsichtig sein, was wir für den Herrn tun oder lassen sollten. In unser Verhalten kann sich sehr leicht etwas einschleichen, was für unseren Bruder, der gerade erst bekehrt ist oder seine Stellung in Christus noch nicht gut kennt, zu einem Hindernis in seinem geistlichen Wachstum wird. Wenn du sagst, dass du gern dem Herrn dienen möchtest, ist dein Tun von großem Einfluss auf andere, denn sie möchten dem Herrn ebenfalls dienen, auch wenn sie über gewisse Dinge eine andere Ansicht haben können.

Für dich selbst kannst du wissen und im Herrn Jesus überzeugt sein, dass nichts an sich unrein ist. Es geht hier natürlich nicht um die Unreinheit, die in der Welt gefunden wird, sondern immer noch um bestimmte Vorschriften des Alten Testaments. Damals wurde man beispielsweise durch das Berühren bestimmter Dinge oder das Essen bestimmter Speisen, die Gott für unrein erklärt hatte, selbst auch unrein. Das ist jetzt anders. Zumindest sagt Paulus das von sich selbst. Doch es gilt auch für jeden Christen, der weiß, wie Gott ihn jetzt in Verbindung mit dem Werk Christi sieht. Wer meint, dass es noch unreine Dinge gibt, zeigt damit, dass er sich die volle Freiheit in Christus noch nicht angeeignet hat (dieses Aneignen ist kein Hochmut, sondern ein einfältiger Glaube an das, was Gott sagt). Behalte immer im Auge, dass es hier um das persönliche Gewissen geht und um die Unterschiede, die es im Glaubensleben geben kann. Wie du weiter damit umgehen musst, wird in den folgenden Versen deutlich gemacht.

*Lies nun noch einmal Römer 14,7-14. – Wenn du jetzt an den Richterstuhl Gottes denkst, was ist dann deine Reaktion?*

# 53. Sei deinem Bruder nicht zu einem Anstoß

Nimm dir Ruhe und Zeit für **Römer 14,15-23**

Wenn ich dich fragen würde, ob du einen Bruder traurig machen willst, würdest du das zweifellos verneinen. Trotzdem kann es sehr leicht geschehen, dass du durch etwas, was du tust, deinen Bruder betrübst.

Das liegt dann daran, dass du nicht nach der Liebe wandelst. Es kann sogar sein, dass du bei dem, was du tust, völlig im Recht bist. Für dich selbst hast du damit keinerlei Probleme. Gegenüber dem Herrn stehst du gut. Doch damit ist nicht alles gesagt. Du musst auch noch auf deine Geschwister Rücksicht nehmen. Wenn sie durch dein Tun betrübt werden, lässt du dich nicht von der Liebe leiten. In Kapitel 13,10 haben wir gelesen: „Die Liebe tut dem Nächsten [deinem Bruder] nichts Böses". Es wird hier sogar so stark ausgedrückt, dass du durch dein Essen (indem du von deiner Freiheit Gebrauch machst) deinen Bruder verderben kannst, für den Christus gestorben ist. Das dürfte doch sicher eine völlig ungewollte Auswirkung der Freiheit sein, die du nun besitzt.

Um klarzustellen, wie deine Haltung gegenüber deinem Bruder sein muss, sagt Paulus etwas über das Reich Gottes. Dort befindest du dich nämlich zusammen mit deinem Bruder, seitdem ihr beide den Herrn Jesus angenommen habt. Im Reich Gottes geht es überhaupt nicht um Dinge wie Essen und Trinken. Dort geht es um Gerechtigkeit, Frieden und Freude im Heiligen Geist.

Ebenso wie in den Königreichen dieser Welt gibt es auch im Reich Gottes einen König und Untertanen. Allerdings ist das Reich Gottes kein sichtbares Königreich mit einem sichtbaren König. Es ist (jetzt noch) ein verborgenes Reich mit einem verborgenen König. Der Herr Jesus ist der König. Im Alten Testament wird Er häufig so bezeichnet, obwohl wir Ihn nicht so ansprechen. Wir nennen Ihn „Herr". So spricht das Neue Testament immer von Ihm. Doch ob Er nun König oder Herr genannt wird, in beiden Bezeichnungen kommt zum Ausdruck, dass Er Autorität über seine Untertanen ausübt.

Diese Autorität, seine Regierung, übt der Herr Jesus vom Himmel her aus, wo Er jetzt ist. Du kannst in deinem Leben zeigen, dass Er Autorität über dich hat, wenn du den Heiligen Geist in dir wirken lässt. Wenn du das tust, wirst du in deinem Umgang mit anderen gerecht sein. Du wirst den Frieden nicht stören wollen, indem du deinen eigenen Interessen folgst. Wenn du so mit deinem Bruder, deinem Mit-Untertan im selben Königreich, umgehst, wird Freude in deinem Herzen sein. Das ist echter Dienst für Christus. Daran findet Gott sein Wohlgefallen, und auch den Menschen in deiner Umgebung wird es auffallen, dass du dich von anderen Regeln leiten lässt, als es bei ihnen selbst und in der Welt üblich ist.

Du wirst aufgefordert, dem Frieden und der gegenseitigen Erbauung nachzustreben. Dafür musst du dich einsetzen. Das geschieht nicht automatisch bei einem Gotteskind. Friede und gegenseitige Erbauung sind viel wichtiger als Speisen. Lass dich nicht von deinen körperlichen Bedürfnissen leiten. Die körperlichen Bedürfnisse sind keine verkehrten Bedürfnisse. Es sind Bedürfnisse, für die Gott sorgen will, aber sie müssen seinem Werk untergeordnet werden. Sie dürfen nicht der Anlass für deinen Bruder werden, durch das, was er bei dir sieht, zu Fall zu kommen. Ein Beispiel: Ich kenne einen Bruder, der aus einem afrikanischen Land kommt. In diesem Land ist der Verzehr von Eiern mit Götzendienst verbunden. Er ist noch nicht ganz frei von den Gedanken, die in seinem Heimatland mit Eiern verbunden sind. Nimm nun einmal an, dass ich die Gewohnheit hätte, täglich ein Ei zu essen. Für mich ist das nicht verkehrt. Doch wenn dieser Bruder nun zu mir zum Essen kommt, und ich möchte mein Ei essen und biete auch ihm eins an, so könnte das für meinen Bruder ein Anlass zum Fall werden. Vielleicht versuche ich ihm zu erklären, dass der Verzehr von Eiern nichts Verkehrtes ist. Doch wenn ich ihn dazu überrede, kann ihn das in größte Gewissensnöte bringen. Wenn ich so etwas weiß, dann verzichte ich eben an diesem Tag darauf, ein Ei zu essen. Dieses Beispiel kannst du auf vielfache Weise anwenden.

Dein Glaube an Gott und an das Werk des Herrn Jesus ist ein persönlicher Glaube. Es geht in diesem Abschnitt nicht darum, dass du davon nicht zeugen sollst. Es geht hier darum, dass dein Glaube dich von allerlei Traditionen und Gewohnheiten freigemacht hat, die mit dem Dienst für Gott nichts zu tun haben.

Du wirst sogar glückselig gepriesen, wenn du dich an deiner wirklichen Freiheit in Christus erfreust, und zwar ungezwungen, ohne dich irgendwelchen Regeln zu unterwerfen, die Menschen aufgestellt haben. Dabei spielt es keine Rolle, ob es so genannte christliche Regeln sind oder Regeln, nach denen die Menschen dieser Welt leben. Wichtig ist, dass du dich in deinem täglichen Leben von deinem Glauben leiten lässt und nicht von deinem Empfinden. Glaube ist auf Gott und sein Wort ausgerichtet.

Wenn du bei irgendetwas Zweifel hast, solltest du es nicht tun. Lebe aus deinem Glauben. Glaube ist kein Ausdruck der Unsicherheit. So wird es zwar oft dargestellt. Es wird dann gesagt: „Ich glaube nicht, dass es falsch ist." Man meint dann: „Ich denke nicht, dass es falsch ist, aber ich weiß es nicht sicher." Gott hat uns jedoch seinen Willen kundgetan. Alles, was wir tun, ohne nach seinem Willen zu fragen, ist Sünde. Stark ausgedrückt, oder?

*Lies nun noch einmal Römer 14,15-23. – Was bedeutet dir das Reich Gottes?*

# 54. Einander aufnehmen nach dem Vorbild Christi

Nimm dir Ruhe und Zeit für **Römer 15,1-7**

In diesem Abschnitt fasst der Apostel noch einmal zusammen, was er in Kapitel 14 gesagt hat.

In Vers 1 kannst du sehen, dass Paulus sich selbst zu den Starken zählte. Er spricht dort von „wir“ und schließt sich selbst also mit ein. Das ist kein Hochmut, sondern er ist sich dessen bewusst, wer er in dem Herrn Jesus geworden ist. Die „Starken“ sind Christen, die wissen, dass sie durch das Werk des Herrn Jesus von jedem Gesetz und jeder Sklaverei völlig freigemacht sind. Diese Freiheit darf jedoch, wie er bereits gesagt hat, nicht eine Ursache dafür werden, dass der schwache, nicht starke Bruder betrübt wird. Du darfst nicht versuchen, ihm deine eigene (richtige) Überzeugung aufzuzwingen. Im Gegenteil, du sollst seine Schwachheit ertragen.

Hier findest du also wieder, dass du an andere denken sollst, an das, was für sie nützlich ist. Dem steht die Haltung gegenüber, sich selbst zu gefallen. Du sollst nicht das tun, was dir selbst am angenehmsten erscheint oder was dir am besten passt. In Philipper 2,4 liest du etwas Ähnliches: „Ein jeder nicht auf das Seine sehend, sondern ein jeder auch auf das der anderen.“ Dann folgt ab Vers 5 das Beispiel, das der Herr Jesus dazu gegeben hat.

Es ist auffallend, wie der Herr Jesus uns immer wieder als Beispiel vorgestellt wird, wenn Gott etwas von uns erwartet; siehe beispielsweise Kolosser 3,13. Dort liest du vom gegenseitigen Vergeben. Das Vorbild ist der Herr Jesus: „wie auch der Christus euch vergeben hat, so auch ihr.“ Sehr deutlich siehst du Ihn als

Vorbild in 1. Petrus 2,21. Dort wird etwas über Hausknechte gesagt. Wir würden heute sagen, es geht dort um Arbeitnehmer. Sie können von dem Herrn Jesus lernen, wie sie sich verhalten sollen. Also immer dann, wenn etwas von uns erwartet wird, müssen wir auf den Herrn Jesus blicken. Wenn Gott etwas von uns erwartet, können wir immer von dem Herrn Jesus lernen, wie wir es machen sollen.

Dasselbe finden wir hier in Römer 15,3: „Denn auch der Christus hat nicht sich selbst gefallen." Christus hat während seines ganzen Lebens die Ehre Gottes vor Augen gehabt. Dafür lebte Er und nicht für sich selbst. Er war so vollkommen in seinem Umgang mit Gott, dass Er es, wenn Gott geschmäht wurde, als seine eigene Schmähung empfand. Das Vorbild, das der Herr Jesus gegeben hat, gibt dir die Kraft, das Erwartete zu tun. So ist es auch hier, wenn es darum geht, die Schwachheiten des anderen zu tragen und dem Nächsten zum Guten zu gefallen.

Übrigens ist das ganze Alte Testament voller Beispiele. Bei deiner Entdeckungsreise durch die Bibel wirst du feststellen, dass alles, was darin geschrieben steht, dich etwas lehren kann. Das war Gottes Ziel, als Er es niederschreiben ließ. Es geht nicht um zufällige Ereignisse. Nein, in 1. Korinther 10 steht, dass Israel all diese Dinge als Vorbilder für dich widerfahren sind! Darum musst du die Schriften lesen. Dann lernst du, wie man ausharren kann, und empfängst dadurch Ermunterung. Du brauchst Ausharren in deinem Leben, wo Widerstand und Unverständnis dir das Leben schwer machen können. Nicht aufgeben! Das ist die Ermutigung, die dir in der Schrift immer wieder begegnet. Auch Ermunterung brauchst du in deinem Leben, wo es so viele Dinge gibt, die dich traurig machen können. In der Schrift liest du, wie Gläubige diesen Trost bei Gott fanden.

Wenn du Ausharren und Ermunterung in den Schriften gefunden hast, ist das Ergebnis, dass du Hoffnung hast. Die Hoffnung richtet deinen Blick auf die Zukunft. Es wird ein Augenblick kommen, wo du Ausharren und Ermunterung nicht mehr brauchst. Dann wird das Vollkommene gekommen sein. Dann wird es keine Unterschiede mehr zwischen starken und schwachen Gläubigen geben, wie es sie jetzt noch gibt. Wir brauchen noch Ausharren und Ermunterung. Du findest sie bei dem „Gott des Ausharrens und der Ermunterung". Dieser Gott ist dein Gott! Wenn du dich auf Ihn ausrichtest, wirst du mithelfen, dass die Gläubigen untereinander gleich gesinnt bleiben. Die Unterschiede werden dich dann nicht von dem anderen entfremden.

Wie du Ausharren und Ermunterung finden kannst, siehst du bei ... tatsächlich, bei dem Herrn Jesus. Er hat sich auf seinem Erdenweg durch nichts aufhalten lassen. Mit Ausharren ist Er seinen Weg gegangen, wie groß der Widerstand auch war. Und wer hat mehr Widerstand erfahren als Er? In der Welt keinen Trost, auch nicht bei seinen Jüngern. Er fand Trost in dem Bewusstsein, dass sein Vater immer bei Ihm war. Wenn der Herrn Jesus auch darin unser Vorbild ist, werden wir einmütig, mit *einem* Mund, Gott verherrlichen. Gott verlangt danach. Wenn wir uns nur über Dinge streiten, worin wir einander ertragen sollten, erhält Gott nicht die Ehre, die Ihm gebührt.

Wenn wir es lernen, einander zu ertragen, wird das umso mehr dazu dienen, Gott zu verherrlichen. Damit wir einander wirklich annehmen können, sollten wir uns gründlich bewusst sein, wie Christus uns angenommen hat. Er hat uns so angenommen, wie wir sind. Er wusste auch vollkommen, wie wir uns verhalten würden. Dennoch nahm Er uns an. Unsere Sünden hat Er für ewig weggetan, indem Er sich selbst für uns in den Tod gab. Aber unsere Eigenarten behalten wir. Das war jedoch für den Herrn Jesus kein Grund, uns abzuweisen. Er nahm uns trotz unserer Eigenarten an, die noch so oft bei uns zum Vorschein kommen. Diesem Beispiel entsprechend sollen wir einander annehmen.

*Lies nun noch einmal Römer 15,1-7. – Zu wem zählst du dich, zu den Starken oder zu den Schwachen? Warum?*

# 55. Das Evangelium für Juden und Heiden

Nimm dir Ruhe und Zeit für **Römer 15,8-13**

Der Herr Jesus ist ein Diener geworden. Mach dir das einmal gut bewusst. Er, der ewige Sohn Gottes, hat die Gestalt eines Sklaven angenommen.

Er ist gekommen, um zu dienen, nicht um bedient zu werden. Hier heißt es, dass Er ein Diener der Beschneidung geworden ist. Das bedeutet, dass Er zu dem jüdischen Volk gekommen ist, denn diesem Volk war die Beschneidung als ein Zeichen dafür gegeben worden, dass Gott mit ihnen einen Bund geschlossen hatte. Unter diesem Volk hat Er als Jude gelebt.

Der Zweck seines Kommens war unter anderem, die Verheißungen zu bestätigen, die den Vätern (wie Abraham) gegeben worden waren. Diese Verheißungen hatte Gott gegeben. Sie standen als die Wahrheit Gottes fest, denn wenn Gott etwas gesagt hat, führt Er es auch aus. Und der Herr Jesus kam, um diese Verheißungen zu bestätigen.

Doch es gab noch einen Grund, weshalb der Herr Jesus ein Diener der Beschneidung wurde, nämlich „damit die Nationen Gott verherrlichen mögen um der Begnadigung willen." Hier zeigt Paulus klar, dass das Kommen des Herrn Jesus nicht nur für Israel Segen bedeutete, sondern auch für die Nationen. Das steht sehr schön in Jesaja 49,6. Dort hörst du Gott zu dem Herrn Jesus sagen: „Es ist zu gering, dass du mein Knecht seiest, um die Stämme Jakobs aufzurichten und die Bewahrten von Israel zurückzubringen; ich habe dich auch zum Licht der Nationen gesetzt, um mein Heil zu sein bis an das Erde der Erde." Im ersten Teil dieses Zitats liest du, dass es im Herzen Gottes war, dass der Herr Jesus Israel wiederherstellen sollte. Doch das war nicht das Einzige. Für Gott war das Werk des Herrn Jesus so groß, dass Er dessen Folgen nicht nur auf Israel beschränken wollte. Er wollte, dass alle Nationen an der Barmherzigkeit teilhaben sollten, die durch den Herrn Jesus zu den Menschen kommen würde. Das Ergebnis sollte sein, dass Gott verherrlicht und geehrt würde.

Es ist bemerkenswert, dass Gott bereits im Alten Testament von dieser Barmherzigkeit für die Nationen gesprochen hatte. Die Barmherzigkeit war nichts Neues, das erst im Neuen Testament offenbart wurde. Doch beachte: Es geht nicht um die Versammlung. Diese war im Alten Testament sehr wohl ein Geheimnis. Hier geht es darum, dass das Herz Gottes im Alten Testament auch zu den Nationen außerhalb Israels ausging. Sie hatten natürlich einen anderen Platz. Israel war und bleibt das auserwählte Volk Gottes und hat in der Heilsgeschichte einen besonderen Platz. Doch damit hatte Gott die anderen Völker nicht verworfen.

Um das zu bestätigen, werden vier Schriftstellen aus dem Alten Testament angeführt. Diese vier Zitate repräsentieren eigentlich das ganze Alte Testament. Sie stammen nämlich aus dem Gesetz (5. Mose 32,43), den Psalmen (18,50; 117,1) und den Propheten (Jes 11,10). In Lukas 24,44b bezeichnet der Herr Jesus diese drei Teile als eine Zusammenfassung des ganzen Alten Testaments.

Das erste Zitat am Ende von Vers 9 stammt aus Psalm 18,50. Dies ist ein allgemeines Zitat, eigentlich eine Art Überschrift über die anderen Zitate. Dort geht es um die Befreiung des Überrestes aus der Hand des Feindes, die Gott bewirken wird. Diese Befreiung ist für sie der Anlass, den Namen Gottes unter den Nationen zu bekennen. Die Folge ist, dass im zweiten Zitat (Vers 10) die Nationen aufgerufen werden, mit dem Volk Gottes fröhlich zu sein. Sie werden eingeladen, die Freude an der Befreiung zu teilen.

Im dritten Zitat, in Vers 11, werden alle Nationen und alle Völker aufgerufen, jeder für sich den Herrn zu loben und zu preisen. Hier ist die Freude nicht mehr auf das Volk Israel beschränkt, sondern alle Völker auf der ganzen Erde dürfen daran teilhaben.

In Vers 12 (dem vierten Zitat) wird die Ursache der Freude angegeben. Dort ist von der Wurzel Isais die Rede. Das weist deutlich auf den Herrn Jesus hin. Lies dazu einmal Offenbarung 22,16. Er wird aufstehen, um über die Nationen zu herrschen. Unter seiner Herrschaft wird eine Zeit der Freude und des Jubels anbrechen, wonach heute noch alle Nationen fieberhaft und mit eigener Kraft suchen. Es kommt eine Zeit, wo die Nationen auf Ihn hoffen werden. Jetzt ist es noch nicht so weit. Doch du kennst bereits den Gott der Hoffnung.

Er ist in der Lage, dich mit aller Freude und allem Frieden im Glauben zu erfüllen. Jetzt geschieht das noch im Glauben. Glauben heißt, auf Gott vertrauen, der alles, was Er gesagt hat, erfüllen wird, selbst wenn alles um dich her im Widerspruch dazu zu stehen scheint. Wenn du damit erfüllt bist, wirst du überreich sein in der Hoffnung. Das wird dich froh machen, und du wirst Ihn in einer Welt preisen, in der Gott und Christus immer mehr geleugnet werden. Du brauchst dich dazu nicht selbst aufzuputschen oder dir selbst Mut zuzusprechen. Menschen ohne Gott machen das so. Sie sagen sich: „Kopf hoch!" und „Nicht bei den Problemen stehen bleiben!" Solche Ermutigungen mögen zwar für eine Zeit hilfreich sein, doch sie geben keine echte und beständige Kraft. Diese Kraft hat ein Mensch nicht in sich selbst. Deine Kraft ist der Heilige Geist. Er ist gekommen, um dein Herz auf den Herrn Jesus zu richten. Nur dann, wenn Er der Gegenstand deiner Hoffnung ist, wird deine Hoffnung fest und überreich sein.

*Lies nun noch einmal Römer 15,8-13. – Wie kannst du „alle Freude und allen Frieden im Glauben" bekommen?*

# 56. Der Dienst des Paulus

Nimm dir Ruhe und Zeit für **Römer 15,14-21**

Obwohl Paulus die Gläubigen in Rom nie persönlich gesehen hatte, war er doch davon überzeugt, dass sie voller Gütigkeit waren. Er hatte genug von ihnen gehört, um das sagen zu können.

Auch wusste er, dass sie mit aller Erkenntnis erfüllt waren. Durch ihre Gütigkeit waren sie imstande, einander zu ermahnen. Gütigkeit und Erkenntnis sind Dinge, die du nicht für dich behalten solltest. Damit kannst du anderen dienen. Wenn du an Zurechtweisungen denkst, so denkst du vielleicht nicht gleich an einen Dienst. Zurechtweisen bedeutet: jemanden wieder zurückbringen, der auf irgendeine Weise einen verkehrten Weg geht. Es ist ein Beweis der Gütigkeit und der Erkenntnis, wenn wir so aufeinander Acht geben.

Paulus entschuldigt sich sogleich, dass er ihnen dies geschrieben hat. Doch er wollte sie an Dinge erinnern, die bei ihnen vielleicht in Vergessenheit geraten waren. Das ist etwas, was auch du immer nötig haben wirst. Wenn du immer wieder an eine bestimmte Sache erinnerst wirst, vergisst du sie nicht mehr. Du wirst sie immer besser behalten. Du wirst dadurch umso mehr befestigt, wie Petrus es nennt, als er die Gläubigen kurz vor seinem Sterben an die Wahrheiten Gottes erinnerte (2. Pet 1,12-15; 3,1).

Paulus stand in einer besonderen Beziehung zu den Nationen, also auch zu den Gläubigen in Rom, denn sie gehörten zu den Nationen. Er nennt sich hier einen Priester. Das ist zwar ein merkwürdiger, aber auch ein schöner Ausdruck. Wenn du den Dienst am Evangelium so siehst, ist die Verkündigung des Evangeliums ein hervorragender Dienst. Ein Priester ist jemand, der Gott Opfer darbringt. Wenn jemand durch die Verkündigung des Evangeliums zur Bekehrung und zum Glauben kommt, darf der Prediger so jemanden Gott als Opfer darbringen.

Es ist der Heilige Geist, der Bekehrung und Glauben in einem Menschen bewirkt. Dadurch ist diese Person geheiligt, d. h. sie ist losgelöst von der Welt und gehört nun Gott an. Das ist möglich geworden, weil Christus Jesus gestorben und auferstanden ist. Er hat alles getan, was nötig war, damit ein Mensch errettet werden kann. Deshalb gibt es nur Ruhm „in Christus Jesus in den Dingen, die Gott angehen".

Das ganze Leben des Paulus war darauf ausgerichtet, das zu tun, was Christus wollte. Schon unmittelbar bei seiner Bekehrung hatte er gesagt: „Was soll ich tun, Herr?" (Apg 22,10). Bei allem, was er gesagt hatte, hatte er das berücksichtigt. Das ist ein wichtiges Vorbild für uns! Wenn Christus nicht in ihm wirkte, hielt Paulus seinen Mund. Alles ordnete er dem Ziel seines Lebens unter, das ihm sehr deutlich vor Augen stand: die Nationen zum Gehorsam zu bringen. Alles, was er sagte, alles, was er tat, alles, was er an Gaben empfangen hatte, war darauf ausgerichtet. Die Kraft dazu besaß er nicht in sich selbst. Er war sich bewusst, dass er all das nur in der Kraft des Geistes Gottes tun konnte. Überall, wohin er kam, predigte er das Evangelium. Dabei berücksichtigte er auch das, was einem anderen anvertraut war. Wenn er feststellte, dass jemand anders in einem bestimmten Gebiet das Evangelium verkündigte, ging er in ein anderes Gebiet. Für ihn war die Predigt wichtiger als der Prediger. Er war am liebsten dort, wo das Evangelium noch nicht gepredigt worden war. So hat der Herr auch dir einen kleinen Bereich in dieser Welt gegeben, wo du von Ihm zeugen kannst. Dieser Bereich kann immer größer werden. Doch achte darauf, dass du nicht in einen Bereich eindringst, den der Herr jemand anderem gegeben hat. Das geht nicht gut. Wir dürfen alle gemeinsam dem Herrn am Evangelium dienen, doch jeder hat dabei seine eigene Aufgabe und seinen eigenen Bereich.

Paulus hat viel Last mit Menschen gehabt, die ihn in ein schlechtes Licht stellten. Sie verbreiteten Dinge über ihn, die überhaupt nicht stimmten. Wenn er irgendwo gewesen war, kamen andere dorthin und sagten, er sei nur auf seinen eigenen Vorteil aus gewesen. So wollte Paulus selbst nicht vorgehen. Er wollte gern das anerkennen, was der Herr anderen gegeben hatte. Wenn er sah, wie andere vom Herrn gebraucht wurden, machte ihn das nicht eifersüchtig, sondern glücklich. Er selbst ging dann an einen anderen Ort. Für diese Haltung bei der Verkündigung des Evangeliums hatte Paulus eine Bibelstelle aus Jesaja 52,15. Das war für ihn ein deutlicher Hinweis, an Orte zu gehen, wo Christus noch nicht verkündigt worden war.

Hier hast du eine wichtige Anweisung, wenn du etwas für den Herrn tun willst (und wer den Herrn liebt, will das doch, oder?): Lass dich durch das Wort Gottes leiten. Wenn du dich täglich vom Wort Gottes ernährst, wirst du auf deine Fragen eine Antwort erhalten. Du wirst sicher Fragen über manche Dinge haben. Die Antworten liegen nicht auf der Straße. Deshalb musst du betend lesen. Paulus erhielt in der Situation, in der er sich befand, keinen Brief mit den Namen der Orte, wohin er gehen oder nicht gehen sollte.

So geht es mit vielen Fragen in unserem Leben. Da gibt es Fragen wie: Welchen Mann bzw. welche Frau hat der Herr für mich bestimmt; welche Ausbildung soll ich absolvieren, welchen Beruf soll ich wählen? Auf diese Fragen findest du ebenfalls keine wörtlichen Antworten in der Bibel. Allerdings findest du in der Bibel Hinweise auf Männer und Frauen, die gottesfürchtig waren. Darauf kannst du bei deiner Entscheidung achten. So kannst du dich auch bei der Berufswahl von der Frage leiten lassen: Kann ich darin dem Herrn dienen, oder muss ich Dinge tun, die nicht dem Willen Gottes entsprechen? Vertraue Gott auf sein Wort hin. Wer an Ihn glaubt und Ihm vertraut, wird nicht beschämt werden.

*Lies nun noch einmal Römer 15,14-21. – Welche Fragen hast du? Wo suchst du die Antworten?*

# 57. Wie Paulus seine Pläne machte

Nimm dir Ruhe und Zeit für **Römer 15,22-33**

Paulus lässt die Gläubigen in Rom noch einmal wissen, wie gern er zu ihnen kommen möchte.

Schon gleich am Anfang dieses Briefes, in Kapitel 1,11, hatte er das geschrieben. Doch jetzt teilt er ihnen mit, dass er zu ihnen kommen möchte, wenn er nach Spanien reisen wird. Auf dem Weg dorthin würde er auch zu ihnen kommen. Er erwartete, dass sie ihm dann das geben würden, was er für seine Weiterreise nötig hätte. So rechnete er mit ihrer Liebe. Er würde erst weiterreisen, wenn er sich an ihnen erquickt hätte. Ja, du kannst dich an deinen Geschwistern erquicken. Bestimmt hast du diese Erfahrung schon gemacht. Das sind Menschen, denen du etwas bedeutest, die Interesse an dir haben.

Als du den Herrn Jesus noch nicht kanntest, gab es viele Menschen, die so taten, als ob du ihnen etwas bedeutetest. Doch das war häufig nur Schein. Du bedeutetest ihnen nur dann etwas, wenn sie von dir profitieren konnten. Seit du den Herrn Jesus kennen gelernt hast, bist du in eine andere Gemeinschaft von Menschen aufgenommen worden. Diese Menschen haben ebenfalls den Herrn Jesus lieb gewonnen, deshalb lieben sie auch einander. Jeden, der hinzukommt, schließen sie in ihre Liebe mit ein. Sicher wirst du auch einmal von deinen Mitgläubigen enttäuscht werden. In sich selbst sind sie schwache, fehlerhafte Menschen. Doch wenn Paulus, der große Apostel, der durchaus wusste, dass es in Rom nicht nur makellose Gläubige gab, sich an ihnen erquikken konnte, können auch wir uns sicher aneinander erquicken.

Bevor Paulus nach Rom reisen konnte, musste er zuerst noch etwas anderes tun. Er hatte Geld bei sich. Es handelte sich um den

Betrag aus einer Sammlung, die die Gläubigen in Mazedonien und Achaja durchgeführt hatten. Dieses Geld war für arme Gläubige in Jerusalem bestimmt. Diese Sammlung war keine mildtätige Aktion, die infolge einer Information über die Armut in Jerusalem durchgeführt wurde. Es war eine freiwillige Sammlung, von der zweimal gesagt wird, dass sie den Gläubigen „wohlgefallen" hatte. Dennoch bestand auch eine gewisse Verpflichtung. Die Nationen waren nämlich der geistlichen Güter teilhaftig geworden, die in erster Linie für das irdische Volk Gottes bestimmt waren. Weil Israel den Herrn Jesus verworfen hatte, war das Evangelium auch zu den Nationen gekommen, so dass auch sie geistlich gesegnet werden konnten. Darum konnte jetzt von den Nationen erwartet werden, dass sie an der Not der Heiligen in Jerusalem teilnahmen und ihnen etwas zurückerstatteten. Es war eine Schuld, die sie auf diese Weise abtragen konnten.

Das kann auch auf uns angewendet werden. Wenn du durch einen Bruder oder eine Schwester geistlich gesegnet worden bist, darfst du ihm oder ihr mit materiellen Gaben dienen (siehe auch Gal 6,6). Du kannst dafür in der Zusammenkunft etwas in den Kollektenbeutel stecken. Du kannst es auch persönlich überreichen. Paulus nahm diesen Dienst sehr wichtig. Zwar ging es ihm hauptsächlich um das geistliche Wohl der Gläubigen, doch dieser Auftrag für das leibliche Wohl der Gläubigen war ihm nicht weniger wichtig.

Nachdem dieser Auftrag ausgeführt sein würde, wollte er auf seiner Durchreise nach Spanien zu ihnen kommen. So war es jedenfalls seine Absicht. Er kam zwar später nach Rom, doch anders, als er es sich gedacht hatte. Nicht auf der Durchreise, sondern als Gefangener. So siehst du, dass auch bei diesem Mann Gottes die Dinge anders kommen konnten, als er es sich vorgestellt hatte. Das war für ihn keine Enttäuschung. Er wusste, dass Gott sein Leben führte.

Auch in deinem Leben kann es anders gehen, als du denkst. Gott weiß, was auch für dich das Beste ist. Wenn du das beachtest, bleibst du vor Enttäuschungen bewahrt. Paulus wusste etwas anderes, nämlich dass er, wenn er zu ihnen kommen würde, in der Fülle des Segens Christi kommen würde. Nun, dieser volle Segen ist gekommen. Gerade im Gefängnis in Rom hat er Briefe geschrieben, in denen er über die höchsten Segnungen der Versammlung schreibt. Diese Briefe haben wir in der Bibel. Du liest in den Briefen an die Gläubigen in Ephesus, Kolossä und Philippi von der „Fülle des Segens". Diese Briefe gewähren dir einen Blick auf den vollen Segen Christi.

Vielleicht hat Paulus doch schon etwas von dem empfunden, was ihn erwartete. Er bittet die Gläubigen in Rom dringend um ihre Fürbitte. Diese Ermahnung ist ihm „durch unseren Herrn Jesus Christus und durch die Liebe des Geistes" eingegeben worden. Das ist eine schöne Art und Weise der Ermahnung. Er kann dies so sagen, weil er weiß, dass sowohl der Herr Jesus als auch der Geist völlig hinter dieser Aufforderung stehen. Der Herr Jesus wird hier mit seinem vollen Namen genannt. Außerdem siehst du, dass der Geist eine Person ist, die liebt. Die Aufforderung des Paulus zur Fürbitte kommt also eigentlich von dem Herrn Jesus, während die Liebe des Geistes gleichsam die Kraft ist, ihr nachzukommen.

Paulus spricht von einem Kampf in den Gebeten. Kennst du diesen Kampf ein wenig? Echtes Beten ist Kämpfen. Dieses Kämpfen geschieht nicht mit Händen und Füßen. Es ist ein geistlicher Kampf. Wir müssen dafür kämpfen, dass der Dienst der Diener des Herrn nicht durch Widersacher behindert wird und dass das Werk des Herrn zum Segen der Gläubigen fortgesetzt werden kann. So können wir daran mitwirken, dass die Diener mit Freude den Willen Gottes tun und den Gläubigen dienen. Dadurch werden sie auch selbst erquickt. Diener des Herrn sind keine gefühllosen Maschinen. Sie haben es nötig, durch andere Gläubige erquickt zu werden, um ihren Dienst mit Freuden tun zu können. Der Gott des Friedens ist bereit, dir inneren Frieden zu schenken und dir im Kampf zu helfen, den du auf allerlei Gebieten hast.

*Lies nun noch einmal Römer 15,22-33. – Gibt es jemanden, dem du einmal etwas geben oder übermitteln möchtest? Tu es und denk dabei an Matthäus 6,1-4.*

# 58. Die Grüße und vieles mehr

Nimm dir Ruhe und Zeit für **Römer 16,1-16**

Die Grüße! Und was für Namen! Manchmal sind es die reinsten Zungenbrecher. Sollten wir diesen Abschnitt nicht einfach überschlagen? Nein, lieber nicht!

Für Paulus bedeuteten diese Namen sehr viel. Es waren Menschen, die ebenfalls dem Herrn Jesus angehörten. Hier hast du nun einen praktischen Ausdruck der Verbundenheit. Grüße sendest du an Menschen, für die du etwas Besonderes empfindest, mit denen du dich auf eine bestimmte Weise verbunden weißt. Es sind meist Menschen, die du nicht täglich siehst. Vielleicht hast du sie sogar noch nie gesehen und nur von ihnen gehört. Doch was du von ihnen gehört hast, gibt dir dieses Gefühl der Verbundenheit, das Gefühl der Zusammengehörigkeit. Es kann sehr ermutigend sein, von jemandem Grüße zu erhalten. Du weißt dann, dass jemand an dich denkt. Das tut dir gut.

Deshalb sind Grüße nicht unwichtig. Sie unterstreichen das, was man miteinander teilt. Wenn dir jemand Grüße an Geschwister aufträgt, ist das ein wichtiger Auftrag. So beauftragt Paulus hier die Gläubigen in Rom, einige Geschwister zu grüßen.

Bei diesen Grüßen fällt auf, dass vielen Namen noch etwas hinzugefügt wird. Für Paulus waren es nicht einfach nur ein paar Namen. Diese Menschen bedeuteten ihm etwas. Jeder bedeutete ihm wieder etwas anderes. Zu jedem hatte er eine besondere Beziehung. So ist auch deine Beziehung zu jedem Bruder und jeder Schwester anders. Wenn du einen Blick für diesen Unterschied bekommst, ist das eine enorme Bereicherung in deinem Umgang mit deinen Geschwistern.

Es gibt auch Namen, die Paulus ohne Hinzufügung nennt. Du könntest dir die Frage stellen, ob wohl von diesen Personen nichts Besonderes zu erwähnen war. Gab es nichts, wodurch sie auffielen? Waren das langweilige Geschwister? Ich weiß es nicht. Vielleicht waren es einfach unauffällige Geschwister, aber sie gehörten auf jeden Fall dazu. Du findest diesen Unterschied auch bei den Jüngern des Herrn Jesus. Von manchen wissen wir nicht viel, weil nur ein paar Mal etwas über sie gesagt wird. Von anderen wissen wir hingegen sehr viel, weil viel über sie berichtet wird. Doch es gibt auch solche, von denen wir nur den Namen wissen. Was sie getan haben, ist uns verborgen. Gott weiß es trotzdem, und Er vergisst nicht, das zu würdigen. Gott geht mit jedem seinen Weg.

Es wäre schön, wenn von dir etwas mehr berichtet werden könnte als nur dein Name. Das soll jedoch nicht geschehen, damit du wichtig gemacht wirst. Es muss zu sehen sein, dass dich deine Liebe zu dem Herrn Jesus antreibt. Das findest du auch bei vielen Namen, die Paulus hier nennt. Oft wird etwas von dem Herrn Jesus hinzugefügt. Er war das Motiv für ihre Arbeit. Ich will über einige Namen etwas sagen; über die anderen kannst du selbst nachdenken.

Zuerst nennt Paulus Phöbe, „unsere Schwester". Hier siehst du, dass Paulus den Dienst der Schwestern durchaus würdigte. Von all den Namen, die er nennt, ist der erste der einer Schwester. Und es werden in diesem Abschnitt noch weitere Schwestern genannt. Phöbe war wohl eine besondere Frau. Sie hat den Gläubigen auf eine praktische Weise gedient. Vielleicht hat sie sie gastfrei in ihr Haus aufgenommen. Vielleicht machte sie Besuche. Vielleicht schrieb sie ermutigende Briefe. Auf jeden Fall hat sie durch ihren Dienst vielen Beistand erwiesen, d. h. sie war durch ihr Tun vielen eine Stütze und Hilfe, wodurch andere Stärkung erfuhren. Paulus selbst hatte das als Segen erfahren. Deshalb konnte er sie den Gläubigen in Rom empfehlen. Wenn Phöbe zu ihnen kommen würde, sollten sie sie entsprechend empfangen und ihr Hilfe und Beistand zuteil werden lassen.

Dann gab es noch ein Ehepaar, auf das Paulus die besondere Aufmerksamkeit der Gläubigen in Rom lenkte: Priska oder Priscilla und Aquila. Siehst du, dass hier die Frau wieder zuerst genannt wird? Dieses Ehepaar wird häufiger erwähnt, auch in der umgekehrten Reihenfolge. Wenn es darum geht, Verantwortung zu tragen oder das Wort Gottes auszulegen, wird Aquila zuerst genannt. Geht es aber um den praktischen Dienst in der Familie, was ja hauptsächlich die Aufgabe der Frau ist, wird Priscilla zuerst genannt. Das ist auch hier der Fall.

Aus Apostelgeschichte 18,1-3 siehst du, dass Paulus bei ihnen gewohnt hat. Aus dem weiteren Verlauf von Apostelgeschichte 18 ist ersichtlich, dass es durchaus nicht ungefährlich war, einen Mann wie Paulus ins Haus aufzunehmen. Dieses Ehepaar hatte sogar sein Leben für ihn gewagt. Paulus war ihnen dafür dankbar. Doch auch die Versammlungen aus den Nationen waren ihnen zu Dank verpflichtet, denn durch ihren Mut konnten sie vom Dienst des Paulus weiteren Nutzen ziehen. Ebenso darfst auch du daran denken, dass, wenn du etwas für einen Diener des Herrn tust, es auch ein Dienst an denen ist, denen dieser Diener dient.

Zum Schluss möchte ich noch auf den letzten Teil von Vers 16 hinweisen. Paulus bittet die Gläubigen nicht nur, seine Grüße an seine Bekannten auszurichten, sondern sendet den Gläubigen in Rom auch Grüße von all denen, die mit ihm verbunden waren: „Es grüßen euch alle Versammlungen des Christus." Die Versammlung in Rom war mit all den Versammlungen des Christus verbunden, wo immer sie auf der Erde sein mochten. Wie schön, wenn das auch erfahren wird. Du wirst sicher schon mitbekommen haben, dass die Gläubigen sehr zertrennt sind. Ist es denn da überhaupt noch möglich, die Einheit der Versammlung zu erleben? Ja, das ist auch heutzutage noch immer möglich. Wie das geschehen kann, darauf geht der nächsten Brief (der 1. Brief an die Korinther) ausführlich ein.

*Lies nun noch einmal Römer 16,1-16. – Schreib eine Karte mit Grüßen an jemanden, der schon lange nichts mehr von dir gehört hat.*

# 59. Sei weise zum Guten

Nimm dir Ruhe und Zeit für **Römer 16,17-24**

In Kapitel 14 hast du gesehen,dass die Geschwister in der Versammlung in Rom nicht über alle Dinge dasselbe dachten.

Es ging um das Beachten bestimmter Tage und das Essen bestimmter Speisen. Es gab Geschwister in Rom, die vom Einfluss des Judentums noch nicht ganz frei waren. Das waren Unterschiede, mit denen sie lernen mussten zu leben, in denen sie einander ertragen mussten. Jetzt sagt Paulus ihnen etwas über Menschen, die sie nicht ertragen sollten. Duldsamkeit ist eine gute Eigenschaft, wenn es um Schwachheiten geht. Doch Duldsamkeit ist etwas völlig Verkehrtes, wenn es um verkehrte, sündige, verwerfliche Dinge geht. Die darfst du nicht ertragen.

Wenn unter den Gläubigen Menschen sind, die Zwiespalt und Ärgernis anrichten entgegen der Lehre, die du gelernt hast, musst du dich von ihnen abwenden. Der Teufel ist immer darauf aus, Zwietracht und Streit unter den Gläubigen zu verursachen. Dabei geht er oft so zu Werk, wie er es bei Eva am Anfang der Bibel, beim Sündenfall, getan hat. Er kommt mit der hinterlistigen Frage: „Hat Gott wirklich gesagt?" (1. Mo 3,1). Er säte in das Herz Evas Zweifel an den deutlichen Wortes Gottes. So versucht er auch heute, Zweifel an der Lehre in das Herz der Gläubigen zu säen. Die Lehre ist keine trockene, langweilige Theorie, sondern die lebendige Unterweisung aus dem Wort Gottes.

Dennoch gibt es immer Menschen, die dir einreden wollen, dass nicht alles so gemeint sei, wie es in der Bibel steht und wie du es gelernt hast. Solche Menschen musst du links liegen lassen. Diese Art von Menschen hörst du nicht vom Herrn Jesus, sondern immer von sich selbst reden. Sie wissen genau, wie sie die Dinge darstellen müssen, um arglose Gläubige zu verführen. Diese Menschen dienen nicht unserem Herrn Christus, sondern ihrem eigenen Bauch. Es dreht sich alles nur um sie selbst.

Ich hoffe, dass auch von deinem Gehorsam gesagt werden kann, dass er zu allen „hingelangt" ist, dass andere Geschwister ihn bei dir festgestellt haben. Dann wirst du keine Beute derer sein, die Zwiespalt anrichten.

Um dich vor diesen Menschen zu schützen, ist es nötig, dass du weise bist zum Guten, aber einfältig zum Bösen. Beschäftige dich deshalb mit dem Guten und nicht mit dem Verkehrten. Beschäftige dich mit dem Herrn Jesus und mit dem Wort Gottes. Du brauchst dich nicht in die sündigen Praktiken der Welt zu vertiefen, um festzustellen, wie böse sie sind. Halte dich davon fern. Du brauchst das Böse nicht auszuprobieren. Wenn du das versuchst, wirst du daran zugrunde gehen. Viele junge Menschen haben aus Neugierde mit okkulten Spielereien begonnen und sind langsam darin verstrickt worden. Wie viele haben, weil es prickelnd war, einmal ein Glücksspiel ausprobiert und sind dann abhängig geworden. Es gibt auch solche, die aus Übermut einmal eine „Zigarette mit etwas drin" geraucht haben und in der Drogenszene gelandet sind. Probiere die Sünde nicht aus! Lass dich warnen! Die Welt, in der du lebst, befindet sich zurzeit noch in den Händen Satans. Vielleicht weißt du aus bitterer Erfahrung, wie verdorben die Welt ist. Wenn du erst vor kurzem zur Bekehrung und zum Glauben gekommen bist, wirst du wohl noch eine Abscheu gegen das Böse haben. Dann möchtest du dich davon rein halten. Doch die Verführungen kommen bald wieder auf dich zu, um dich wieder hineinzuziehen. Deshalb sorge dafür, dass du weise zum Guten wirst. Halte durch!

Jetzt ist Satan noch der Fürst dieser Welt. In Kürze wird er aber unter unsere Füße zertreten werden. Weißt du, durch wen? Durch den Gott des Friedens. Ist das nicht merkwürdig? Satan ist darauf aus, Unfrieden zu bringen. Der Gott des Friedens wird dem ein Ende setzen. Wenn du dir das vor Augen hältst, wirst du selbst in deinem Herzen Frieden behalten. So bleibst du auf den Gott des Friedens ausgerichtet, und der Satan bekommt bei dir keine Gelegenheit, dich mit dem Bösen zu beschäftigen. Damit du das in deinem Leben beherzigst, wird dir die Gnade unseres Herrn Jesus Christus gewünscht.

Es folgen noch ein paar Grüße von einzelnen Gläubigen an die Versammlung in Rom. Unter ihnen ist Tertius. Er hat das niedergeschrieben, was Paulus ihm diktierte. So machte es Paulus meistens. Als eine Art Unterschrift setzte er dann manchmal einen persönlichen Gruß an den Schluss (siehe 1. Korinther 16,21). In einem Ausnahmefall schrieb er den Brief selbst. Die Lage in den Versammlungen in Galatien war so ernst, dass Paulus eigenhändig zur Feder griff, um darüber zu schreiben (Gal 6,11). Wenn Paulus sich eines Schreibers bediente, vermindert das natürlich nicht die Autorität des Geschriebenen. Er, der Apostel, ist der Absender.

Alles, was er in diesem Brief schreiben ließ, wollte Gott dich wissen lassen. In diesem Brief an die Römer ging es vor allem um deine Rechtfertigung vor Gott. Doch damit ist noch längst nicht alles gesagt, was Gott dir zu sagen hat. In den letzten Versen dieses Briefes wirst du noch etwas über Dinge hören, die Gott außerdem in seinem Herzen hat, um sie dir bekannt zu machen.

*Lies nun noch einmal Römer 16,17-24. – Wie kannst du weise sein zum Guten?*

# 60. Ein Lobpreis

Nimm dir Ruhe und Zeit für **Römer 16,25-27**

Am Ende seines Briefes kommt Paulus zu einem Lobpreis Gottes. Gott steht vor seinen Blicken. Er füllt sein ganzes Blickfeld aus.

Gott ist für ihn so groß, dass er in den letzten Versen noch ein paar Dinge über Gott schreibt, die eigentlich über das Thema dieses Briefes hinausgehen. Da er so über Gott und sein Evangelium sprechen durfte, ist sein Herz so erfüllt, dass er es gleichsam nicht unterlassen kann, etwas über die „Offenbarung des Geheimnisses" zu sagen.

Dem Wort „Geheimnis" begegnest du öfter im Neuen Testament. Dieser Ausdruck bezeichnet etwas, das im Alten Testament verborgen war, das unbekannt war, aber im Neuen Testament bekannt gemacht worden ist. Paulus führt das nicht weiter aus, aber dadurch, dass er es hier nennt, gibt er zu erkennen, dass es noch mehr gibt als das, was du in diesem Brief entdeckt hast. Das bedeutet jedoch nicht, dass dieser Brief nicht so wichtig wäre. Ohne das Studium dieses Briefes brauchst du gar nicht erst damit zu beginnen, etwas von dem Geheimnis zu verstehen. Die Belehrungen anderer Briefe der Paulus, besonders an die Epheser und an die Kolosser, schließen eng an die Belehrungen des Briefes an die Römer an.

Ich möchte dir einen guten Rat geben. Lies regelmäßig den Brief an die Römer durch. Dann bleibst du in direkter Verbindung mit der Basis deines Glaubenslebens. Auf diese Grundlage kannst du dann dein weiteres Bibelstudium aufbauen. Gott ist mächtig, dich darin zu befestigen, was du in diesem Brief gelernt hast. Du brauchst das nicht selbst krampfhaft festzuhalten. Ist der Herr Jesus nicht alles für dich? Als das Wort gepredigt wurde, hast du Ihn kennen gelernt. Er steht im Mittelpunkt der Pläne und Gedanken Gottes. Dadurch, dass du Ihn als Heiland und Herrn angenommen hast, bist du mit Ihm verbunden. Der Herr Jesus ist jetzt nicht mehr auf der Erde, sondern im Himmel. Weißt du, was das bedeutet? Es bedeutet, dass du mit einem Herrn im Himmel verbunden bist, und weil der Himmel der Wohnort Gottes und des Herrn Jesus ist, ist der Himmel auch dein Zuhause.

Vielleicht fragst du: „Ist das so etwas Besonderes?“ Ja, es ist etwas ganz Besonderes. Der Mensch wurde geschaffen, um auf der Erde zu leben. Das zeigt uns das ganze Alte Testament. Die höchste Segnung, die die Gläubigen zur Zeit des Alten Testaments kannten, war ein Leben auf der Erde unter der Regierung des Messias.

Der Herr Jesus wird der Mittelpunkt der Erde sein. Von Ihm wird jeder Segen über die Erde ausgehen, und die ganze Erde wird Ihm Ehre geben. Nach dieser Zeit sehnten sich die Gläubigen des Alten Testaments, darauf warteten sie. Natürlich wird auch das herrlich sein.

Im Neuen Testament haben wir jedoch mit Segnungen zu tun, die weit darüber hinausgehen. Darüber konnte während der Zeit des Alten Testaments noch nicht gesprochen werden; darüber wurde damals geschwiegen, es blieb verborgen. Doch jetzt ist es offenbart! Gott hat den Befehl gegeben, bekannt zu machen, dass Menschen bei dem Herrn Jesus im Himmel sein werden. Das sind Menschen, die an den Herrn Jesus geglaubt haben, nachdem Er zum Himmel zurückgekehrt ist. Vom Himmel her hat der Herr Jesus anschließend den Heiligen Geist auf die Erde gesandt, um diese Menschen zusammenzuführen. In anderen Briefen werden diese Menschen, die so zusammengeführt wurden, „die Versammlung“ genannt. In diesen anderen Briefen wirst du finden, was für ein gewaltiges Vorrecht es ist, zu dieser Versammlung zu gehören. Die Versammlung bestand bereits in den Plänen und im Herzen Gottes, bevor die Welt existierte. Um diese Versammlung zu bilden, ist der Befehl des ewigen Gottes ergangen, Jesus Christus unter den Nationen zu verkündigen. Wer sich Ihm im Glauben unterwirft, darf zu dieser Versammlung gehören.

Die Versammlung wird in Ewigkeit im Himmel, im Vaterhaus, sein. Sie wird in Ewigkeit Gott Lob und Ehre darbringen, der in seiner großen Gnade und Liebe Menschen, die in sich selbst Sünder sind, einen solchen alles übertreffenden Platz gegeben hat.

Der allein weise Gott war der Einzige, der das ersinnen konnte. Sein Sohn Jesus Christus war der Einzige, der es ausführen konnte. Wer hätte auf den Gedanken kommen können, nichtige Menschen, Mörder des Sohnes Gottes, zu den Höhen des Vaterhauses zu erheben? Wer anders als nur Gott konnte das tun – auf eine Weise, die uns ewig zur Bewunderung und Anbetung bringen wird?

Er sandte seinen Sohn in die Welt, obwohl Er wusste, was die Menschen mit Ihm tun würden. Und an demselben Ort, wo Menschen den Herrn Jesus ermordeten, können dieselben Menschen alle Segnungen empfangen, die Gott in seinem Herzen für sie hatte. Durch Jesus Christus und sein Werk am Kreuz wird Gott in Ewigkeit die Ehre dargebracht werden, die Ihm allein gebührt.

*Lies nun noch einmal Römer 16,25-27. – Gib Gott die Ehre für all das, was Er dir von sich selbst und von seinem Sohn gezeigt hat.*

Raum für persönliche Notizen